L'ART DE LA STRATÉGIE

(DE LA STRATEGIE EN GÉNÉRAL)

par
CARL VON CLAUSEWITZ

in Théorie de la Grande Guerre, Tome 1 (1886)

Copyright © 2022 Carl von Clausewitz (domaine public)
Édition : BoD – Books on Demand, 12/14 rond-point des Champs-Élysées, 75008 Paris.
Impression : BoD - Books on Demand, Norderstedt, Allemagne.
ISBN : 9782322392384
Dépôt légal : février 2022
Tous droits réservés
Ce livre a été produit et maquetté par Reedsy.com

I
DE LA STRATÉGIE

Le combat est l'instrument de la stratégie pour arriver au but de la guerre. À proprement parler, c'est là l'unique usage que la stratégie ait à faire du combat. Or comme ce sont les forces armées qui livrent le combat et que celui-ci réagit, à son tour, sur les forces armées, la théorie de la stratégie doit nécessairement prendre en considération les forces armées dans leurs principales relations. Elle doit pareillement tenir compte des facultés intellectuelles et morales qui distinguent les forces années, car ce sont là les plus importants facteurs du combat. En procédant ainsi, la théorie enseigne l'unique moyen de calculer les résultats possibles du combat.

La stratégie, disposant de l'instrument qui conduit au but de la guerre, doit nécessairement fixer à l'action militaire l'objectif qui répond à ce but. En d'autres termes, la stratégie fait le plan de guerre ; elle y rattache la série des opérations destinées à le réaliser : elle rédige les projets de campagne, et dispose et échelonne les divers combats. Mais, comme son travail se base sur des hypothèses générales qui souvent sont irréalisables en ce que maintes déterminations particulières ne se laissent ni deviner ni prévoir, il en résulte que la stratégie doit faire campagne, pour être à même de disposer chaque chose à son heure et à sa place, et d'apporter, dans l'ensemble, les incessantes modifications que les circonstances réclament. Il faut, en un mot, que la stratégie mette constamment la main à l'œuvre.

On ne procédait pas ainsi, alors que, selon l'ancienne habitude, on conservait au cabinet la direction générale de l'armée en campagne, ce qui ne saurait être acceptable qu'à la condition que le cabinet restât à une proximité telle des troupes, qu'on le pût, pour ainsi dire, considérer comme le grand quartier général de l'armée.

La théorie doit guider la stratégie dans la conception des plans, ou, pour parler plus rigoureusement, elle doit aider à l'unité des conceptions et faire ressortir tout ce qui peut, plus ou moins, servir de règle ou de principe.

Alors que l'on considère la grande variété et l'extrême importance des objets avec lesquels la guerre est en contact, on comprend que, pour tout embrasser, il faille un rare coup d'œil.

Un général en chef qui, ne faisant ni trop ni trop peu, sait imprimer à la guerre une direction conforme au but qu'il poursuit et aux moyens dont il dispose, donne, en cela, la plus grande preuve de sa valeur. C'est bien moins, en effet, par des procédés d'action dont la nouveauté saute aux yeux, que par les résultats définitivement acquis, que se manifeste la puissance du génie. Ce qu'il faut admirer, c'est l'exacte réalisation d'hypothèses faites dans le silence, c'est l'harmonie d'une direction conçue et poursuivie sans bruit et dont le succès seul révélera toute la portée.

C'est dans le résultat final qu'il faut découvrir les traces de cette harmonie. Chercher le génie autre part, c'est le vouloir découvrir là où on ne le saurait trouver.

Les formes et les moyens que la stratégie emploie sont si simples, si connus par leur application réitérée, que le bon sens ne peut que sourire de toute l'emphase que la critique met souvent à en parler. Que de fois un simple mouvement tournant, cette manœuvre tant de fois répétée, n'a-t-il pas été exalté comme le plus brillant trait du génie ! Que de fois n'a-t-on pas voulu y trouver la preuve d'une perspicacité profonde, voire même d'une science transcendante ! Et que d'aberrations semblables ne trouve-t-on pas dans les livres ! Parfois la critique, allant encore plus loin, élimine absolument de la théorie les forces morales, et, ne tenant plus compte, désormais, que des forces matérielles, réduit tout à quelques proportions mathématiques d'équilibre, de supériorité numérique, de calcul de temps et d'espace, à quelques angles et à quelques lignes géométriques ! S'il ne s'agissait que de ces misères, le problème serait facilement résolu par un élève de l'école primaire.

En somme, il faut en convenir, il ne s'agit ici ni de formules ni de dispositions scientifiques. Les relations qui existent entre les choses matérielles sont toutes très simples. Ce qui est difficile, c'est de se rendre compte des forces morales qui se trouvent en présence. Mais, ici même, ce n'est que dans les plus hautes régions de la stratégie, alors que celle-ci confine à la politique et à la science gouvernementale, ou, mieux encore, alors qu'elle se confond avec l'une et l'autre, que les grandeurs se multiplient et se compliquent dans leurs rapports ; ce qui exerce, dès lors, bien plus d'influence sur le plus ou moins de puissance à donner à l'action, que sur la forme même dans laquelle il la faut produire. Lorsque, dans la stratégie, c'est la forme qui domine, ainsi que cela à lieu dans les actes isolés de la lutte, c'est un indice que les grandeurs morales en sont réduites à un nombre infime.

Mais, bien que tout soit simple dans la stratégie, tout n'y est pas facile. Dès que l'on a déduit des rapports et de la situation de l'État ce que la guerre doit et peut être, on découvre sans peine la direction qu'il lui faut donner. Poursuivre sagement cette direction, exécuter d'un bout à l'autre le plan conçu, ne s'en jamais laisser détourner par les mille et mille circonstances qui y invitent, voilà, par contre, ce qui exige non seulement une grande force de caractère, mais encore une grande sûreté et une extrême lucidité d'esprit ; et, de mille hommes distingués, les uns par l'intelligence, les autres par la pénétration d'esprit, ceux-ci par la hardiesse, ceux-là par la puissance de volonté, il n'en est peut-être pas un qui réunisse toutes les qualités personnelles dont l'ensemble peut seul élever un commandant d'armée au-dessus de la moyenne générale.

Il paraît étrange, et cependant il est certain pour tous ceux qui ont l'expérience de la guerre, qu'une décision importante exige beaucoup plus de force de volonté dans la stratégie que dans la tactique. Dans la tactique, en effet, l'instantanéité, la rapidité de l'action entraîne tout. Semblable au pilote qui sent que le vaisseau dont il tient la barre est emporté par la tourmente contre laquelle il ne saurait lutter sans le plus redoutable danger, le général en chef ferme l'accès de son esprit aux appréhensions croissantes qui l'assiègent, et, payant d'audace, va résolument de l'avant. Dans la stratégie, où tout ne se produit que bien plus lentement, les appréhensions personnelles et les suggestions extérieures, les projets, les pensées, les objections, de même que les regrets intempestifs, ont un champ bien autrement vaste, et, comme, au contraire de ce qui est réalisable dans la tactique, on ne peut à peine, ici, embrasser et voir personnellement que la moitié des choses, il faut presque tout pressentir ou deviner, et la conviction perd une partie de sa force. Il en résulte qu'alors qu'ils devraient agir, la plupart des généraux en chef restent immobiles, paralysés par de fausses appréhensions.

Jetons, à ce sujet, un coup d'œil sur l'histoire, et laissons-le tomber sur la campagne de 1760 que les marches et les manœuvres du grand Frédéric ont rendue si célèbre, et que la critique signale comme un vrai chef-d'œuvre d'art militaire. Nous y voyons le Roi chercher incessamment à tourner tantôt le flanc droit, tantôt le flanc gauche de Daun. Y a-t-il donc en cela quelque chose de si extraordinaire, et pouvons-nous, sans affectation, y trouver la marque d'une science profonde ? Non, certes. Ce qui, par contre, nous parait admirable dans cette campagne, et ce qui, d'ailleurs, se rencontre dans chacune des trois guerres du grand Roi, c'est la sagesse avec laquelle, poursuivant un grand but et ne disposant que de forces limitées, il ne tenta jamais rien qui fût au-dessus de ses moyens, et cependant précisément assez pour arriver à ses fins.

Son but, dans la campagne de 1760, était d'obtenir des conditions de paix telles, que la possession de la Silésie lui fût définitivement garantie.

Souverain d'un petit État qui ne se distinguait guère des États voisins que par certaines branches administratives, Frédéric n'était pas en situation de devenir un Alexandre, et, s'il eût voulu être un Charles XII, il eût trouvé le même sort que ce dernier. C'est ce qui explique pourquoi, dans la direction de ses guerres, il apporta une constante pondération dans l'emploi des forces dont il disposait, que celles-ci, restant sans cesse en équilibre, se trouvaient toujours en situation de produire, à un moment donné, les plus énergiques efforts, pour, l'instant d'après, rentrer dans le calme, et se plier aux moindres exigences de la politique. C'est en suivant invariablement cette voie, dont l'ambition, la soif de gloire, les idées de vengeance même, ne le purent jamais écarter, que le Roi sortit enfin vainqueur de la lutte.

On ne saurait, en si peu de mots, donner tout son relief à ce côté du génie militaire de Frédéric II. Ce n'est qu'en se rendant un juste compte de la merveilleuse issue de la lutte, ce n'est qu'en suivant la trace des causes qui ont amené ce prodigieux résultat, que l'on arrive à l'absolue conviction que, seule, la profonde pénétration de son esprit a ainsi guidé le Roi à travers tous les écueils.

Ce caractère admirable se retrouve dans toutes les campagnes du grand Frédéric, mais plus particulièrement encore dans celle de 1760. C'est, entre toutes en effet, celle où il sut faire le moins de sacrifices pour tenir tête à un ennemi qui lui était matériellement si supérieur.

Il est facile de former le projet de tourner l'ennemi par sa droite ou par sa gauche ; la pensée, lorsque l'on commande une armée relativement faible, de la tenir sans cesse concentrée, afin d'être partout supérieur à un adversaire qui s'est étendu, l'idée de suppléer à l'infériorité numérique par des mouvements rapides, tout cela est aussi vite trouvé qu'exprimé. La découverte ne saurait donc éveiller notre admiration, et, d'idées si simples, il ne reste qu'à dire qu'elles sont très simples. Ce qu'il faut admirer dans le Roi, c'est l'exact degré de puissance et d'audace que, sans témérité, il sut apporter à l'exécution de ses projets, par suite de la juste appréciation de la situation et du caractère de ses adversaires.

Quel général en chef pourra jamais, en cela, imiter le grand Frédéric ?

Bien longtemps après, des écrivains, témoins oculaires, ne parlaient encore qu'avec effroi de l'imprévoyante insouciance avec laquelle le Roi faisait camper ses troupes, et du danger auquel il s'exposait ainsi. On en pourrait dire autant des marches qu'il faisait exécuter à son armée, sous les yeux, souvent même sous le canon de l'ennemi.

Mais Frédéric ne marchait et ne campait ainsi, que parce qu'il trouvait dans la manière de procéder, dans les formations, le caractère et la responsabilité de Daun, des garanties de sécurité telles, que, quelque hardiesse qu'il apportât à ses prises de camp et à ses marches, il pouvait ne les pas considérer comme téméraires. L'esprit de décision, la hardiesse et la force de volonté du Roi lui permettaient, en effet, d'envisager clairement et sans les redouter, des situations dont on signalait encore le danger trente ans plus tard ! Il est certain que, dans de pareilles circonstances, peu de généraux en chef eussent osé recourir à des moyens stratégiques si simples.

Il est, enfin, un autre genre de difficulté dans l'exécution, d'un ordre et d'une nature tout différents, dont la campagne de 1760 fournit un exemple remarquable. On y voit, en effet, l'armée du Roi continuellement en mouvement. Deux fois (au commencement de juillet et au commencement d'août) elle gagne les derrières de Daun, et, par des chemins de traverse, se porte de l'Elbe en Silésie. Poursuivie par Lasoy, elle doit sans cesse être prête à combattre, ce qui la contraint à se mouvoir invariablement dans un ordre dont la régularité exige une extrême dépense de forces. Bien que trainant avec elle un convoi considérable qui l'alourdit, elle ne pourvoit à son entretien qu'avec les plus grandes difficultés. En Silésie, avant la bataille de Liegnitz, elle exécute, huit jours durant, d'incessantes marches de nuit qui la portent alternativement de la droite à la gauche du front de l'ennemi. Enfin, dans ces efforts prodigieux, elle est soumise aux plus rudes privations !

Croit-on que tout cela puisse se produire sans une effroyable usure de toute la machine ? Un général peut-il, le cœur léger, ordonner des mouvements qui coûtent de tels efforts et de pareilles souffrances ? La vue de tant de misère, de tant de fatigues, de si terribles privations, ne torture-t-elle pas, sans cesse, le cœur des chefs et surtout celui du généralissime ? Ce dernier ne perçoit-il pas les plaintes qui s'élèvent autour de lui ? La nature de l'homme comporte-t-elle une somme d'énergie telle, qu'on soit en droit d'exiger de lui qu'il en fasse une si extrême dépense ? Enfin, à moins qu'elle n'ait la confiance la plus illimitée dans la valeur et l'infaillibilité de son chef, demander à l'armée de si prodigieux efforts, ne sera-ce pas, inévitablement, provoquer de sa part la résistance, le désordre et l'indiscipline, et, par conséquent, anéantir en elle toute trace de vertu guerrière ?

Tels sont, cependant, les miracles que le grand Frédéric sut produire, et dont, plus qu'aucun chef d'armée, il eut le secret ! Voilà ce qui appelle notre respect, voilà les merveilles d'exécution qu'il faut admirer ! Mais ce sont là des qualités du commandement dont on ne peut saisir l'extrême grandeur, qu'alors que l'expérience en a déjà révélé la puissance entraînante, et qui restent lettres mortes pour qui ne connaît la guerre que par la lecture des livres et les exercices du terrain de manœuvres. Qu'à défaut d'expérience, on nous prête donc ici foi et confiance, et qu'on nous croie, en cela, sur parole.

Nous avons voulu, par cet exemple, donner plus de clarté à l'ensemble de notre sujet. Dans les chapitres suivants, nous procèderons du simple au composé, caractérisant tout d'abord individuellement, et selon notre manière de voir, chacun des plus importants éléments, matériels ou moraux, de la stratégie, pour terminer, enfin, par l'exposition du plan de guerre et de campagne, c'est-à-dire par l'acte de guerre dans son entier.

Note. — Dans un manuscrit à peine ébauché du remaniement du commencement de cet ouvrage, on a trouvé les notes suivantes de la main du général Clausewitz.

Les combats rendus possibles doivent, en raison de leurs conséquences, être considérés comme des combats réels.

En formant des troupes sur un point, on ne fait que rendre un combat possible sur ce point, et il n'arrive pas toujours que le combat se produise réellement. Or lorsque le combat n'a pas lieu, le fait seul de l'avoir rendu possible constitue déjà une réalité, un fait acquis qui aura immanquablement ses conséquences.

Alors que nous envoyons une partie de nos troupes fermer la retraite à l'ennemi en fuite, et que celui-ci, sans plus combattre, met bas les armes, Il est clair que ce n'est que la crainte seule du combat que nous lui offrons ainsi, qui le porte à cette détermination.

De même, lorsque, pour priver l'ennemi des ressources de toutes sortes qu'il peut tirer d'une province laissée par lui sans défense, nous faisons occuper cette province par l'un de nos corps d'armée, si l'ennemi nous en laisse en possession, ce n'est, évidemment, que parce qu'il n'ose affronter le combat qu'il lui faudrait livrer pour nous en chasser.

Dans l'un comme dans l'autre cas nous avons atteint notre but ; la possibilité seule du combat a donc eu ses conséquences ; elle a produit un résultat réel. L'ennemi eût pu, il est vrai, opposant à nos troupes des forces supérieures, les déterminer, par là, à se retirer sans combattre ; nous eussions alors manqué notre but, mais le combat offert ayant attiré et détourné, d'autre part, une partie considérable des forces ennemies, ne fût cependant pas resté sans effet. Si, enfin, l'entreprise eût absolument tourné à notre désavantage, la formation prise, le combat rendu possible eût, néanmoins encore, en ses conséquences, qui, dans ce cas, eussent été, pour nous, semblables à celles d'un combat perdu.

On voit ainsi que c'est par les effets seuls des combats que se peuvent réaliser l'anéantissement des forces armées et le renversement de la puissance de l'ennemi, que ces combats aient lieu réellement, ou que, étant offerts, ils soient refusés par l'adversaire.

Double but du combat.

Ces effets, d'ailleurs, sont de deux sortes : directs lorsque l'on se propose la destruction immédiate des forces armées de l'ennemi ; ils sont indirects en tout autre cas, alors, par exemple, que, pour arriver plus sûrement à ce résultat, on ne vise, tout d'abord, qu'un but intermédiaire qui y conduira par un détour. Un combat peut directement tendre à la possession d'une province, d'une ville, d'une place forte, d'une route, d'un magasin, etc., etc., sans que ce soit jamais là son but final. On cherche ainsi à augmenter ses propres moyens en amoindrissant ceux de l'ennemi, afin d'en arriver à lui offrir le combat dans des conditions telles, qu'il lui soit impossible de l'accepter. Ce ne sont donc là que des notions transitoires, intermédiaires, et qui, comme telles, ne tendent pas au résultat effectif et no sauraient y conduire, mais qui l'appuient et y aident.

Exemples.

Lorsqu'en 1814 Paris fut pris, les dissensions politiques, qui avaient leurs germes dans la capitale, se firent jour et renversèrent la puissance impériale. À juger l'événement au point de vue de l'histoire, ce n'est cependant pas au changement de gouvernement qu'il faut attribuer la conclusion de la paix. Par le fait seul de l'entrée des Alliés à Paris, le but de la guerre était atteint et la paix inévitable. La prise de sa capitale avait subitement privé l'Empereur de ressources considérables, et ce que cet événement enlevait ainsi de puissance à la résistance, il le donnait précisément, par contre, aux Alliés, en moyens d'action pour continuer la lutte. C'est cette impossibilité de résistance consécutive qui imposa la paix à la France. Qu'on suppose, en effet, que d'autres causes extérieures eussent, à la même époque, fait éprouver aux Alliés une diminution de forces égale à celle que la prise de Paris entraînait pour l'Empereur, et l'on comprend que toute l'importance et tous les effets de ce grand événement se fussent aussitôt évanouis.

Nous avons parcouru cette série de considérations pour faire ressortir le seul point de vue rationnel d'où se dégage tout ce qui a vraiment de l'importance à la guerre, et nous concluons en disant que, d'un bout à l'autre d'une guerre ou d'une campagne, il faut se demander quel sera le résultat vraisemblable des combats et des batailles que chacun des adversaires pourra offrir à l'autre. C'est cette question seule qui décide des dispositions que l'on a à prendre, dès le début, dans l'élaboration du plan de guerre ou de campagne.

Dès que l'on sort de cette manière de voir en accords à d'autres objets une valeur qui ne leur appartient pas.

Lorsque l'on n'a pas l'habitude de considérer une guerre et, dans celle-ci, chaque campagne isolément conduite, comme une chaine exclusivement composée de combats, dont l'un amène sans cesse le suivant, on en arrive fatalement à la conviction que l'occupation de certains points géographiques, de même que la possession d'une province laissée sans défense et autres opérations semblables, ont en sol quelque valeur. De là à tenir le fait pour un avantage à inscrire à son actif, il n'y a qu'un pas.

Or, en donnant cette importance à ce qui n'est, en somme, que l'un des termes d'une série d'événements consécutifs, on no songe pas à se demander si cette manière de procéder n'entraînera pas plus tard de graves conséquences. Ce sont là des fautes qui se présentent maintes fois dans l'histoire des guerres. De même qu'un négociant, loin de mettre de côté le profit d'une première transaction, le doit, au contraire, porter au compte courant et s'en servir au mieux des transactions suivantes, on ne saurait, à la guerre, ne pas faire concourir à la série des opérations un avantage isolément obtenu. Dans le commerce il faut agir avec la totalité des fonds dont on dispose ; à la guerre c'est la somme totale des avantages et des désavantages qui décide de toute l'opération.

Alors, par contre, que l'esprit soit sans cesse ou, du moins aussi loin qu'il la peut suivre, la série probable des combats, il reste dans le vrai chemin et marche droit au but, et, dès lors, la mise en mouvement des forces acquiert une telle promptitude, et l'action une si grande énergie, qu'aucune influence étrangère ne les peut désormais enrayer.

II
ÉLÉMENTS DE LA STRATÉGIE.

On peut logiquement répartir en cinq classes, selon qu'elles sont morales, physiques, mathématiques, géographiques ou statistiques, les causes diverses qui, dans la stratégie, décident de l'emploi du combat.

Les qualités morales et les actes de l'intelligence appartiennent alors à la première classe ; — l'effectif, la composition des forces des armées et la proportion des armes, à la deuxième ; — les angles des lignes d'opérations et les manœuvres convergentes et divergentes, ces dernières en tant que leur nature géométrique entre dans le calcul, à la troisième ; — l'influence de la contrée (points dominants, montagnes, cours d'eau, forêts et routes), à la quatrième ; — les moyens d'entretien, enfin, à la cinquième.

Il est bon, dans le principe, de se représenter ces divers éléments séparés les uns des autres ; cela donne plus de clarté à l'exposition, et permet d'apprécier, au passage, le plus ou moins de valeur des différentes classes. Isolément considérés, un certain nombre de ces objets perdent, d'ailleurs, leur importance d'emprunt. On se rend facilement compte, par exemple, que, par rapport à la ligne d'opérations, la valeur d'une base d'opérations dépend bien moins de l'angle que l'une et l'autre forment ensemble, que de la disposition des routes et de la nature de la contrée qu'elles traversent.

Ce serait, par contre, la plus malheureuse idée que de discuter la stratégie d'après ces éléments ainsi séparés. Pour la plupart, ils ne marchent pas seuls, en effet, dans les actes isolés de la guerre, mais se lient les uns aux autres. On se perdrait indubitablement ainsi dans la plus stérile analyse, sans parvenir à établir, sur ces bases abstraites, des règles applicables à la réalité. Que le ciel préserve tout théoricien d'un pareil point de départ ! Quant à nous, nous en tenant à la généralité des phénomènes réels, nous ne pousserons notre analyse qu'aussi loin qu'il le faudra faire pour être compréhensible. Les idées que nous énoncerons ne sont pas le résultat d'études spéculatives ; elles ne nous ont été inspirées que par l'expérience et l'examen des faits réels de la guerre.

III
LES GRANDEURS MORALES.

Les grandeurs morales doivent être comptées au nombre des plus importants facteurs de la guerre. Elles en sont les esprits vitaux et en pénètrent tout l'élément. Elles ont la plus grande affinité avec la puissance de volonté qui met en mouvement et dirige la masse entière des forces, et, comme cette volonté est elle-même une grandeur morale, elles s'y attachent et font corps avec elle. Elles échappent à toute la sagesse des livres parce qu'elles ne se peuvent ni chiffrer ni classer ; elles demandent à être vues et senties.

L'esprit et les qualités morales de l'armée, du général en chef et du gouvernement, les dispositions des provinces dans lesquelles la guerre doit être portée, l'effet moral d'une victoire ou d'une défaite sont des grandeurs très diverses de nature, et, comme telles, exercent des influences très variables sur la situation et sur le but à atteindre.

Bien qu'il soit difficile, impossible même, de formuler des règles pour les grandeurs morales, elles sont du nombre des éléments dont la guerre se constitue, et ressortissent, par suite, à la théorie de l'art de la guerre. Celle-ci, bien qu'elles échappent à ses prescriptions, les doit donc signaler à l'esprit et en faire comprendre l'extrême valeur, ainsi que la nécessité absolue de les faire entrer dans tous les calculs. En agissant de la sorte, la théorie fait œuvre d'intelligence et condamne, de prime abord, quiconque a la folle pensée de ne baser ses combinaisons que sur les forces matérielles seules. Nous ne saurions le dire trop haut, en effet, c'est une pauvre philosophie que celle qui, d'après l'ancienne méthode, niant la puissance des grandeurs morales, crie à l'exception lorsqu'elles manifestent leur action, et cherche, alors, à expliquer ce résultat par de prétendus procédés scientifiques. En dernier ressort cette vaine philosophie en appelle, parfois même, au génie qu'elle place, alors, au-dessus de toutes les règles, donnant ainsi à entendre que, lorsqu'elles sont faites par les sots, les règles, elles-mêmes, ne sont que des sottises.

Les effets des forces physiques et ceux des forces morales se pénètrent réciproquement à un degré tel, qu'on ne peut les séparer les uns des autres, comme, par un procédé chimique, les divers métaux d'un amalgame, de sorte que, alors même qu'elle prétendrait ne règlementer que les efforts matériels, une théorie n'en serait pas moins contrainte d'entrer dans le domaine des grandeurs morales. Bien plus, à moins de n'édicter que des principes tellement catégoriques, que, dans l'application, ils seraient ou trop étendus et trop audacieux, ou trop limités et trop timides, la théorie ne peut assujettir les efforts physiques qu'à des actions à l'élaboration desquelles la pensée des grandeurs morales a présidé. Les théories les plus matérialistes ont, elles-mêmes, bien qu'à leur insu, obéi à cette nécessité. C'est ainsi, par exemple, que l'on n'a jamais songé à supputer les suites qu'une victoire devait avoir, sans tenir compte de l'effet moral qu'elle allait produire. La plupart des objets que nous allons examiner dans ce livre présentent ce double caractère, et se composent de causes et d'effets dont les uns sont d'ordre physique et les autres d'ordre moral. Si nous nous permettons, ici, une comparaison, nous nous représenterons les premiers comme le bois brut dont on fait la hampe d'une lance, et les seconds comme le dard aciéré de fin métal qui élève le tout à la dignité d'arme de guerre.

L'étude de l'histoire révèle la valeur des grandeurs morales et l'influence souvent incroyable qu'elles exercent. C'est là la plus pure et la plus noble source à laquelle l'esprit d'un général en chef puisse puiser. Il est à remarquer, cependant, que ce sont bien moins les démonstrations, les recherches critiques et les dissertations savantes que les éclairs instantanés de l'esprit, ses sensations et ses impressions générales qui font découvrir à l'âme les germes de vérité qui la peuvent ainsi féconder.

Nous pourrions examiner chacun des principaux phénomènes de la guerre, et en minutieusement rechercher le pour et le contre, mais, en suivant cette méthode, l'esprit s'égare facilement dans l'analyse, on risque de tomber dans les banalités et les lieux communs, et d'en arriver, sans s'en apercevoir, à ne dire que des choses déjà connues. Nous préférons être plus bref, et, restant ainsi fidèle à l'esprit dans lequel ce livre est conçu, n'aborder les sujets que par les côtés seuls qui en font ressortir l'importance.

IV
LES PUISSANCES MORALES DE PREMIER ORDRE.

Parmi les grandeurs morales il en est trois qui constituent des puissances de premier ordre ; ce sont : les talents du général en chef, la vertu guerrière et l'esprit national de l'armée. Il n'est pas facile de se rendre compte du degré auquel s'élève l'un quelconque de ces éléments dans une armée ; il l'est encore moins de comparer entre elles leurs valeurs respectives, et il est impossible de préciser quel est celui des trois qui, d'une façon générale, y occupe le premier rang. Peu importe d'ailleurs, l'incontestable puissance de chacun de ces trois éléments repose sur des preuves historiques suffisantes pour que, précisément, cette impossibilité de les classer entre eux garantisse l'esprit de la fantaisie capricieuse d'en estimer un tantôt plus et tantôt moins que les autres.

Il est certain, cependant, que depuis que les généraux de la République et de l'Empire français ont révélé au monde étonné quelle était la vraie direction à donner à la guerre, les armées des divers États de l'Europe en sont toutes arrivées sensiblement au même degré de perfection dans l'instruction. Les principes de l'art militaire se trouvent, depuis lors, fixés d'une façon si rationnelle que, partout, on les applique, aujourd'hui, d'après la même méthode. Un général en chef ne saurait donc, désormais, compter sur l'effet de l'application inattendue de procédés artificiels spéciaux tels, par exemple, que l'ordre oblique de Frédéric II. Les talents du commandement supérieur ont ainsi perdu une grande partie de leurs moyens d'expansion, tandis que, au contraire, la carrière s'est agrandie pour tout ce que peuvent produire et l'esprit national et la pratique de guerre d'une armée. Une paix de longue durée pourrait seule modifier cette situation.

L'esprit national (enthousiasme, fanatisme, foi religieuse ou foi politique) des troupes atteint sa plus forte expression dans la guerre en terrain montagneux, alors que le soldat, à peu près abandonné à lui-même, doit agir d'instinct et d'impulsion. C'est par le même motif que les montagnes sont le lieu d'élection par excellence de l'action des populations armées ou insurgées.

C'est en rase campagne, par contre, qu'une armée signale l'extrême puissance qu'elle possède, lorsque son instruction militaire parfaite et son courage éprouvé lui donnent une confiance en elle-même et une solidité telles, qu'elle en arrive à la conviction qu'il n'est pas d'efforts humains capables de la désunir ou de l'ébranler.

Quant au général en chef, dans les montagnes il ne reste pas assez maître des diverses portions de son armée, et la direction générale lui échappe ; en plaine, l'œuvre est trop simple, et, pour être bien conduite, n'exige pas de lui des talents transcendants ; ce n'est donc, en somme, que dans une contrée coupée et accidentée que se peuvent produire, dans toute leur valeur, les grandes qualités de commandement et de direction dont il peut être doué. C'est d'après ces affinités respectives entre les différentes espèces de terrains et les qualités diverses d'une armée, qu'il convient d'établir les projets et de dresser les plans.

V
VERTU GUERRIÈRE DE L'ARMÉE.

La vertu guerrière est distincte du courage, bien que celui-ci en constitue une partie essentielle. On saurait encore moins la confondre avec l'enthousiasme pour la cause de la guerre.

Dans l'homme, en général, le courage est une qualité naturelle, un don de naissance ; chez le soldat, membre de l'armée, il peut, en outre, s'acquérir par l'exercice et par l'habitude. Dans ce dernier, d'ailleurs, le courage suit une direction très différente, et, perdant tout instinct d'allure libre et de dépense déréglée de forces, doit se soumettre aux exigences de la discipline, de l'ordre, du règlement et de la méthode.

Quant à l'enthousiasme pour la cause de la guerre, bien que ce ne soit nullement l'un des principes constitutifs de la vertu guerrière, il est incontestable qu'il en augmente considérablement le degré et la puissance effective, lorsqu'il anime les troupes d'une armée.

À quelque point de vue qu'on la considère, et alors même que, dans une nation, la totalité des citoyens en état de porter les armes seraient appelés à y prendre part, la guerre est et restera toujours une fonction spéciale, absolument distincte et séparée des autres fonctions de la vie sociale. Être pénétré de l'esprit et de l'essence de cette fonction, éveiller en soi, acquérir, entretenir et exercer les forces qui y sont nécessaires, y consacrer toute son intelligence, tous ses efforts, tendre incessamment à s'y perfectionner, sortir enfin de soi-même pour entrer dans le rôle qu'on y doit jouer, c'est là ce qui, dans l'individu membre d'une armée, constitue la vertu guerrière.

Alors même que dans une armée composée de milices et de troupes permanentes, il serait possible de porter l'instruction militaire du citoyen au même degré de perfection que celle de l'homme de troupe, alors même, qu'animés tous deux d'un égal enthousiasme pour la cause nationale, ils apporteraient, l'un et l'autre, à la guerre le même élan, le même courage, la même ténacité, et imprimeraient, ainsi, à l'action générale un caractère absolument opposé à celui qu'elle avait à l'époque des anciens condottieri, le soldat proprement dit n'en conserverait pas moins le cachet original, distinctif et personnel de l'homme du métier. C'est que, en effet, tant qu'il y aura une carrière militaire, ceux qui l'exerceront, et aussi longtemps qu'ils l'exerceront, se considèreront comme formant une sorte de corporation absolument distincte, dans les ordonnances, les lois, les habitudes et les usages de laquelle se fixeront de préférence les esprits essentiels de la guerre. Il est naturel, d'ailleurs, qu'il en soit ainsi. Alors même que l'on se laisserait aller au penchant de n'envisager la guerre que du point de vue le plus général, on aurait donc tort de faire peu de cas de ce sentiment que les Français appellent *esprit de corps*, et qui, à un degré plus ou moins élevé, peut et doit se rencontrer dans une armée. C'est cet esprit de corps qui donne à ce que nous nommons *la vertu guerrière* le moyen de s'assimiler, en les résumant en soi, la totalité des forces morales individuelles réparties dans la pluralité des membres d'une armée.

Conserver ses formations sous le feu le plus effroyable, rester inaccessible à toute crainte imaginaire ; dans le plus grand danger, disputer pied à pied le terrain sur lequel elle combat, calme et fière dans la victoire, obéissante, disciplinée, respectueuse pour ses chefs et leur conservant sa confiance dans les désastres mêmes de la défaite, se soumettre sans murmures aux plus durs efforts ainsi qu'aux plus terribles privations, y exercer ses forces comme un athlète ses muscles, et n'y voir qu'un moyen d'arriver au triomphe ; être prête, enfin, à tous les sacrifices pour l'honneur des armes et celui du drapeau, voilà ce qui distingue une armée profondément pénétrée de la vertu guerrière.

Les Vendéens se sont supérieurement battus, et les Suisses, les Américains et les Espagnols sont arrivés à de grands résultats sans déployer de vertu guerrière ; on peut même, ainsi qu'Eugène et Marlborough, obtenir la victoire à la tête d'armées permanentes médiocrement douées sous ce rapport ; on ne saurait donc dire que, sans vertu guerrière, on ne puisse être heureux à la guerre. Nous attirons particulièrement l'attention à ce propos, de peur que, ne saisissant pas notre pensée, on n'en tire cette fausse conclusion. C'est précisément parce qu'elle peut varier de degré d'une armée à l'autre, et qu'à la rigueur elle peut même faire complètement défaut, que la vertu guerrière devient une force morale efficiente. C'est là ce qui en fait un instrument dont on peut calculer la puissance.

Après en avoir ainsi exposé le caractère, nous allons rechercher quelle influence la vertu guerrière exerce, et par quels moyens on la peut créer.

Le général en chef a la direction générale, il donne l'impulsion à la masse entière, dont il met, ainsi, d'un coup et toutes à la fois, les parties constitutives en mouvement ; mais le détail lui échappe dans l'exécution, et il ne saurait diriger personnellement l'action individuelle de chacune des subdivisions de l'armée. Or, là où l'esprit du général en chef ne peut atteindre, la où son impulsion ne se fait plus sentir, c'est la vertu guerrière des troupes qui doit y suppléer et prendre aussitôt la direction. La vertu guerrière doit donc être pour chacune des portions constitutives considérée isolément, ce que le génie du commandant supérieur doit être pour l'armée considérée en masse. C'est la notoriété de ses grandes qualités personnelles qui désigne le général en chef au choix du gouvernement ; la désignation des commandants des subdivisions d'armée de premier ordre est le résultat de l'examen le plus attentif et le plus scrupuleux ; mais, plus le degré hiérarchique s'abaisse, et moins cet examen conserve de sa sévérité et de ses garanties, de sorte que, au bas de l'échelle, on ne peut plus autant compter sur des talents individuels. Ici encore, la vertu guerrière doit entrer en jeu et suppléer à tout ce qui fait défaut. Or c'est là précisément le rôle que *le courage individuel, l'adresse, l'endurcissement aux fatigues, l'enthousiasme* et les autres qualités qui leur sont spéciales, jouent dans les armées des peuples essentiellement patriotes et guerriers. Ces qualités peuvent donc suppléer à la vertu guerrière, de même que celle-ci peut, réciproquement, en tenir lieu, ce qui conduit aux conclusions suivantes :

1° La vertu guerrière ne se peut exclusivement produire que dans les armées permanentes qui, d'ailleurs, sont celles qui en ont le plus besoin. Dans les armements populaires et les guerres d'insurrection, elle est suppléée par les qualités nationales naturelles qui trouvent, alors, un milieu qui leur convient particulièrement et dans lequel elles se développent promptement.

2° La vertu guerrière est moins indispensable aux armées permanentes lorsqu'elles luttent entre elles, qu'alors qu'elles ont à combattre des populations en armes, circonstances où les forces doivent être plus disséminées et les fractions de troupe plus fréquemment abandonnées à elles-mêmes. Là, au contraire, où l'armée peut être maintenue réunie, le génie du général en chef conserve toute sa puissance et supplée à ce qui manque à l'esprit des troupes. On voit ainsi qu'en général, la vertu guerrière est d'autant plus nécessaire que la configuration du sol et les autres conditions de la guerre disséminent les forces et compliquent l'action militaire.

Le seul enseignement que l'on puisse tirer de ces vérités est qu'alors que ce puissant levier fait défaut dans une armée, il faut, tout d'abord, apporter la plus extrême prévoyance dans la préparation de la guerre, pour s'efforcer, ensuite, de la maintenir dans les formes les plus simples. On ne saurait donc se trop garder de s'en laisser imposer par la seule étiquette de permanente, alors qu'une armée permanente n'a de valeur qu'en raison de l'esprit qui l'anime.

La *vertu guerrière* est donc l'une des plus importantes puissances morales à la guerre. Partout où elle ne s'est pas rencontrée, elle n'a pu être suppléée que par le *génie supérieur du général en chef* ou par *l'enthousiasme national de l'armée*. Là, enfin, où ces trois éléments ont manqué à la fois, les succès obtenus sont restés de beaucoup inférieurs aux efforts produits. Les Macédoniens sous Alexandre, les légions romaines sous César, l'infanterie espagnole sous Gustave Farnèse, les Suédois sous Gustave-Adolphe et sous Charles XII, les Prussiens sous Frédéric le Grand, et les Français sous Bonaparte, ont montré les prodiges que l'esprit militaire et l'inébranlable solidité d'une armée peuvent accomplir. Il faudrait n'avoir jamais consulté les témoignages de l'histoire, pour ne pas reconnaître que s'ils n'avaient pas disposé de pareilles armées, ces grands généraux, malgré tout leur génie, n'eussent jamais réalisé de si hauts faits, ni atteint des résultats si merveilleux.

La vertu guerrière d'une armée ne peut naître que de deux sources, bien qu'encore ces sources ne la produisent qu'en commun : une série de guerres et de succès, et, dans la poursuite de ces guerres, une activité incessante, fréquemment portée à ses plus extrêmes limites. Le soldat apprend, ainsi, à connaître ses forces ; plus on lui demande habituellement d'efforts, et plus il est disposé à en faire ; il est aussi fier des fatigues qu'il a surmontées que des dangers qu'il a affrontés et courus. On voit donc que, semblable à certaines plantes qui ne peuvent germer et grandir que sur un sol aride et brûlant, la vertu guerrière exige, pour naître et se développer, et le soleil de la victoire et l'activité et les efforts les plus soutenus. Lorsque enfin elle a atteint son summum, c'est un arbre aux racines puissantes, qui résiste aux plus violentes tourmentes de la défaite et de l'infortune. Née de la guerre, et ainsi produite par le génie des grands généraux, elle peut, désormais, se prolonger pendant de longues années de paix, à travers plusieurs générations, même sous la direction de généraux médiocres.

On ne saurait confondre l'esprit de noble solidarité qui unit entre elles les bandes éprouvées de ces vieux soldats endurcis aux fatigues et couverts de cicatrices, avec la vaniteuse suffisance des armées permanentes dont les éléments ne tiennent ensemble que par la puissance des règlements de service et d'exercice. Une certaine sévérité, une discipline rigoureuse, peuvent aider au maintien de la vertu guerrière, mais ne sauraient la créer, et, bien que ces moyens aient ainsi leur valeur, il ne se la faut cependant pas exagérer. De l'ordre, de la dextérité, de la bonne volonté, de très bons sentiments, une certaine fierté même, tels sont les signes caractéristiques d'une armée formée en temps de paix ; on les peut estimer, mais ils n'ont aucune consistance. Ce n'est ici, en effet, que la masse qui retient la masse. Qu'une seule fissure se produise, et tout se désagrège, ainsi que se brise un verre trop subitement refroidi. Ce sont les plus beaux sentiments dont il faut, alors, particulièrement se méfier ; ils ne sont, la plupart du temps, que des gasconnades, des hâbleries de poltron, qui, au premier insuccès, ne se transforment que trop vite en anxiété et en peur, pour en arriver, parfois même, au *sauve qui peut* de l'expression française. Par elle-même, une pareille armée est incapable de rien produire ; elle ne prend de valeur qu'en raison de la direction qui lui est donnée. Il la faut conduire avec une extrême prudence, jusqu'à ce que, peu à peu grandies par les efforts et confirmées par la victoire, ses forces morales l'élèvent, enfin, à la hauteur du rude labeur et de la lourde tâche qu'elle doit accomplir. Il faut donc se bien garder de prendre les sentiments exprimés par une armée, pour l'expression réelle de l'esprit dont cette armée est animée.

VI
LA HARDIESSE.

La hardiesse joue un rôle d'une extrême importance dans le système dynamique des forces. Elle y fait contrepoids à la circonspection et à la prudence qui confinent, parfois, à l'hésitation et à la crainte. Sous prétexte de la réglementer, la théorie ne saurait donc lui fixer des bornes.

Principe d'action indépendant, véritable force centrifuge, la hardiesse fait sortir l'âme de ses limites naturelles, et lui imprime un élan qui l'élève au-dessus des plus menaçants dangers. Dans quelle branche de l'activité humaine la hardiesse aurait-elle donc droit de cité, si ce n'est précisément à la guerre ?

Depuis le tambour jusqu'au général en chef, elle est la plus noble des vertus guerrières ; c'est la trempe d'acier qui donne à l'arme son tranchant et son éclat.

Il le faut reconnaître, il est des prérogatives que la hardiesse seule confère à la guerre. Elle déjoue les calculs des grandeurs de temps et d'espace, et, partout où elle se montre supérieure, elle augmente le résultat obtenu de tout ce qu'elle arrache à la faiblesse de l'adversaire. Elle est donc vraiment une force créatrice, ce qui, d'ailleurs, est facile à prouver philosophiquement. Chaque fois qu'elle rencontre l'hésitation, celle-ci témoignant d'un commencement de perte d'équilibre, la hardiesse a nécessairement pour soi la vraisemblance du succès, et c'est uniquement quand elle se heurte à la prudence avisée, qu'elle peut avoir le dessous, en ce que cette dernière a son genre de hardiesse propre, et sait néanmoins partout rester forte et puissante. Ce sont là, toutefois, des circonstances qui ne se présentent que bien rarement dans la réalité, par la raison que de toutes les précautions prises à la guerre, la grande majorité est commandée par la crainte et non par la vraie prudence.

Soumise par la hiérarchie des grades à une volonté qui lui est étrangère, et retenue dans les limites des règlements de service et de campagne, la hardiesse peut pénétrer la masse entière d'une armée sans y nuire jamais à l'action des autres grandeurs morales. Elle ne constitue donc, par suite, qu'un ressort sans cesse prêt à la détente.

Plus le grade s'élève, et plus il devient nécessaire que, guidée par un esprit supérieur et perdant tout instinct de passion aveugle, la hardiesse n'agisse qu'à bon escient et vers un but nettement entrevu. Avec l'élévation du grade, en effet, diminue l'urgence du sacrifice personnel, et s'accentue, par contre, le devoir de veiller à la conservation des autres ainsi qu'au maintien de la direction imprimée. On voit par là que ce que produit, dans la masse de l'armée, l'habitude des règlements passée à l'état de seconde nature, ne doit être, dans les chefs de rang élevé, que le résultat du raisonnement, et qu'ainsi une action hardie isolément effectuée par l'un d'eux, peut facilement devenir une faute ; mais bien différente des autres fautes, celle-ci aura toujours du moins pour excuse le noble instinct qui l'aura fait commettre. Heureuse l'armée où se produisent fréquemment des actes de hardiesse intempestive ! C'est une plante vigoureuse dont la végétation hâtive et luxuriante trahit la générosité féconde d'un sol riche et puissant. La folle hardiesse même, c'est-à-dire la hardiesse aveugle et sans but, ne doit pas être considérée avec mépris, car, sous une forme passionnelle, il est vrai, et sans aucune participation de l'intelligence, c'est toujours là, néanmoins, foncièrement la même force instinctive. Ce n'est, en somme, qu'alors qu'elle agit au mépris d'ordres supérieurs exprimés, que la hardiesse devenant un véritable danger, doit être réprimée comme telle, et cela, non parce qu'elle est la hardiesse, mais parce qu'elle enfreint ainsi l'obéissance, à laquelle, sans conteste, tout doit être soumis et céder le pas à la guerre.

En affirmant ici qu'à égalité de mérite et de lumières, l'hésitation est, à la guerre, mille fois plus préjudiciable et dangereuse que la hardiesse, nous sommes sûr de n'être pas démenti par le lecteur.

On se tromperait si l'on croyait, ainsi qu'on y est naturellement porté, que le fait d'avoir conçu le plan à poursuivre et fixé le but à atteindre rende la hardiesse plus facile et, par conséquent, moins méritoire dans l'exécution. C'est précisément le contraire qui a lieu.

Alors que l'on voit clairement les choses, les difficultés qu'elles comportent et les dangers qui s'y rattachent, il faut nécessairement se laisser guider par l'esprit et par le raisonnement. Or, dès que les facultés de l'intelligence doivent ainsi prendre la direction, les facultés de l'instinct perdent aussitôt une grande partie de leur puissance. C'est là ce qui fait que plus l'échelle hiérarchique s'élève, et plus la hardiesse devient rare. C'est qu'en effet, la pénétration de l'esprit et les lumières de l'entendement restant stationnaires tandis que le grade augmente, les chefs de rang supérieur, dans les étapes successives de leur carrière ascendante, ne peuvent supporter le poids des grandeurs, des situations et des considérations extérieures avec lesquelles ils sont aux prises, que précisément dans la mesure de ce qu'ils possèdent et ont toujours possédé de facultés intellectuelles natives. C'est là l'origine de ce proverbe français tant de fois confirmé par l'expérience :

> *Tel brille au second rang, qui s'éclipse au premier.*

Presque tous les généraux dont l'histoire révèle la médiocrité et l'indécision dans le commandement en chef, s'étaient montrés hardis et pleins de résolution dans les grades inférieurs.

Il y a des distinctions à faire entre les motifs qui inspirent une action hardie. On peut y avoir volontairement recours ; on peut aussi y être plus ou moins contraint par les circonstances. Là où il y a urgence, là où, malgré la situation la plus périlleuse, ne pas poursuivre son but ne conduirait qu'à des dangers non moins grands, c'est l'esprit de résolution qui décide seul, et non pas la hardiesse. Un cavalier se montre hardi lorsque, pour faire voir son habileté, il franchit un obstacle considérable, tandis qu'il ne fait preuve que de résolution en franchissant un large précipice, pour échapper à une bande de brigands acharnés à sa poursuite et à sa vie.

On voit ainsi que plus il y a urgence immédiate à produire une action, plus le but à atteindre est visible et prochain, et moins grande est la part qui revient à la hardiesse. Par contre, plus le résultat à obtenir est éloigné, plus l'esprit a d'éventualités à prévoir pour se rendre compte de ce que l'action produira, et plus il faut de hardiesse pour prendre une détermination. En 1786, dès que Frédéric le Grand eut compris que la guerre était inévitable, se sentant perdu s'il ne surprenait et devançait ses ennemis, il entra aussitôt en campagne. Il est certain qu'il n'agit ainsi que contraint de le faire, mais que de prévoyance et de hardiesse, tout à la fois, dans cette décision ! combien peu d'hommes, dans sa situation, eussent osé agir ainsi !

On comprend que le calcul stratégique, bien qu'il ne ressortisse qu'au général en chef et aux chefs de premier rang, n'ait qu'à gagner à ce que l'esprit de hardiesse, ainsi que les autres vertus guerrières, pénètrent la masse entière de l'armée. Avec des troupes issues d'un peuple hardi, et dans lesquelles cet esprit est soigneusement entretenu, on peut, en effet, viser de bien autres résultats et entreprendre de bien plus grandes choses qu'avec des troupes auxquelles ce caractère reste étranger. C'est pour cette raison que nous ne nous sommes guère occupé, jusqu'ici, de la hardiesse qu'au point de vue de la masse des troupes, bien que, à proprement parler, nous ayons surtout à tenir compte de la hardiesse dans le commandement.

Il ne nous reste, d'ailleurs, que peu de choses à dire à ce propos.

Plus le grade s'élève, plus il exige de pénétration d'esprit, de lumières acquises, de tact et de jugement, et plus il refoule la hardiesse et les autres fonctions de l'instinct. C'est ce qui rend celle-ci si rare et si admirable à la fois, dans les hautes situations. Dirigée par un esprit supérieur, la hardiesse devient le cachet des héros, et loin d'aller contre la nature des choses et les lois de la vraisemblance, elle concourt au calcul sublime du génie, alors qu'inspiré par le seul tact du jugement, presque inconscient mais prompt comme l'éclair, celui-ci prend une décision suprême. Plus les ailes que la hardiesse donne alors à l'esprit sont puissantes, et plus haut le porte son essor, plus sa vue s'étend, plus se dessine et s'accuse le résultat auquel il peut atteindre ; dans ce sens, toutefois, qu'avec la grandeur du but, croit aussi la grandeur des dangers. Dans la méditation du cabinet, loin encore de la responsabilité et des hasards de la lutte, le chef ordinaire, pour ne pas dire le chef faible et irrésolu, en arrive à peine, et par un calcul imaginaire que déjouera maintes fois la réalité, à se fixer une direction logique et un but exact. Mais, dès que le danger et la responsabilité l'enserrent, la vue d'ensemble lui échappe, et, bien que son entourage le puisse quelque peu aider en cela, il perd bien vite tout esprit de résolution, ce à quoi, désormais, personne ne peut obvier.

Un général en chef distingué ne se peut donc concevoir sans hardiesse, ce qui revient A dire que cette qualité est l'indispensable condition du commandement supérieur, et que, sans elle, personne n'est apte à y être élevé. Quant à savoir ce qui peut exister encore de hardiesse acquise ou modifiée par l'éducation et les hasards de la vie, dans un homme parvenu au grade suprême, c'est une autre question. Plus il aura conservé de cette force, et plus son génie pourra prendre d'essor. L'audace croîtra sans cesse, et les risques à courir grandiront avec elle, mais, avec elle aussi, les résultats. Que les motifs soient lointains ou qu'ils naissent d'une urgence immédiate, qu'il s'agisse d'Alexandre ou de Frédéric II, peu importe, en somme, à la critique. Le premier séduit plus l'imagination parce qu'il a montré une plus grande hardiesse, le second satisfait davantage le raisonnement par la manière dont il a su se plier aux circonstances et en tirer parti.

Nous terminerons ce chapitre par une considération importante. L'esprit de hardiesse ne se peut rencontrer dans une armée qu'à l'état de nature, alors que cette armée est issue d'un peuple guerrier, ou à l'état de qualité acquise à la suite d'une guerre heureuse dirigée par des chefs entreprenants.

Or, dans les temps modernes, les relations internationales se sont si fort étendues et ont si fort généralisé le besoin du bien-être et des molles habitudes, que la guerre est seule désormais en état, par son énergique direction, de faire contrepoids à ces éléments dissolvants, et de maintenir les grands sentiments de patriotisme, d'honneur, de grandeur nationale et d'amour du drapeau, sans lesquels un peuple ne saurait conserver une position stable dans le monde politique.

VII
LA PERSÉVÉRANCE.

Si le lecteur s'attendait à rencontrer dans cet ouvrage des lignes, des angles et des formules scientifiques, il doit s'étonner de ce que, jusqu'ici, nous n'ayons encore parlé que des choses les plus simples et les plus ordinaires. Nous continuerons néanmoins à procéder ainsi, ne pouvant, en somme, montrer plus de science que le sujet n'en comporte.

À la guerre plus que dans aucune des autres fonctions de l'activité humaine, les choses se montrent généralement tout autres qu'on ne les a pensées, et présentent des aspects différents selon qu'on les considère de loin ou de près. L'ingénieur voit avec calme s'élever son œuvre selon le plan qu'il en a tracé ; le médecin, bien qu'exposé à des effets plus inattendus, connaît, du moins, la composition et l'action des remèdes qu'il prescrit ; à la guerre, celui qui a la direction de la masse, soumis, tout d'abord, aux hasards les plus nombreux, gouverne, en outre, sur des flots sans cesse changeants. Il lui faut choisir entre les nouvelles vraies ou fausses, obvier aux fautes que la crainte, la négligence ou la précipitation font commettre, apprécier enfin si, réelles ou simulées, les résistances qu'il rencontre proviennent de la fausse application des ordres, de la mauvaise volonté, du défaut d'énergie ou de l'épuisement. Bref, il est en proie à mille et mille impressions dont le plus grand nombre, alors que quelques-unes à peine le peuvent encourager, tendent à le rendre inquiet, soucieux et perplexe. Il faudrait ici, tout à la fois, la plus rare expérience de la guerre pour discerner rapidement la valeur réelle de chacune de ces impressions, et une force de caractère non moins exceptionnelle pour leur résister ainsi que fait le rocher à l'assaut des vagues. Leur céder serait, cependant, rendre toute entreprise impossible. Une *persévérance* inébranlable dans la poursuite de la résolution tout d'abord prise devient donc, ici, un contrepoids nécessaire, aussi longtemps, du moins, que l'apparition de considérations nouvelles absolument décisives n'en décide pas autrement. Il faut ajouter, enfin, qu'on ne peut réaliser d'entreprises glorieuses à la guerre, qu'au prix de fatigues, de privations et d'efforts sans nombre, auxquels la faiblesse morale et physique de l'homme le porte incessamment à se soustraire, et que, par conséquent, le but ne peut être atteint qu'à force de volonté, d'énergie et de *persévérance*.

VIII
Supériorité numérique

Dans la tactique comme dans la stratégie, la supériorité du nombre est, de tous les principes, celui qui confère le plus généralement la victoire. C'est donc par ce côté général qu'il nous la faut tout d'abord considérer. Nous sommes ainsi conduit aux développements préalables suivants.

Par la raison même qu'elle en détermine l'endroit et le moment ainsi que les forces qui y doivent prendre part, la stratégie exerce une réelle influence sur l'issue du combat. La tactique entre alors en action et accomplit l'œuvre. Dès que le combat a pris fin, la stratégie reparaît, s'empare du résultat et, victoire ou défaite, l'emploie an mieux du but de la guerre. Or ce but ne peut naturellement être, le plus souvent, que très éloigné, et ne se rapproche que dans les cas les plus rares. La stratégie est donc obligée de lui substituer, comme moyens transitoires, une série d'autres buts intermédiaires qui, moyens eux-mêmes pour les pins importants d'entre eux, ne peuvent être tous, dans l'exécution, que fort différents les uns des autres. Le but définitif, le but à atteindra par la guerre entière, varie généralement lui-même d'une guerre à l'autre. Ce sont là des idées que, au point où nous en sommes, le lecteur ne saurait encore facilement saisir, mais qui lui deviendront familières au fur et à mesure qu'au courant de cet ouvrage, nous lui ferons connaître les objets auxquels elles se rapportent. Il ne saurait d'ailleurs entrer dans notre intention, alors même que nous le pourrions faire, de présenter ici le sujet dans son entier. Nous laisserons donc provisoirement de côté la question de l'emploi du combat au but de la guerre.

Nous réserverons pareillement l'étude des moyens par lesquels la stratégie exerce de l'influence sur l'issue d'un engagement alors qu'elle en décrète, pour ainsi dire, l'exécution. Ces moyens ne sont pas si simples, en effet, qu'on les puisse réunir tous dans une seule et même présentation. Alors que la stratégie détermine l'endroit, le moment et les forces, elle varie fréquemment dans ses procédés, et chaque variante influe différemment et sur l'issue, et sur les conséquences du combat.

Nous dépouillons ainsi le combat de toutes les modifications qu'il peut recevoir selon le but immédiat auquel il tend et les circonstances qui le produisent. Si nous faisons, en outre, abstraction de la valeur des troupes, sujet moral que nous avons déjà traité à part, il ne nous restera devant les yeux qu'un combat de forme indéfinie, dans lequel il n'y a plus d'autres termes de comparaison que les effectifs respectifs des combattants.

Dans ce combat c'est le nombre qui, forcément, imposera la victoire. Mais la quantité des abstractions que nous avons dû faire pour en arriver à ce point, démontre déjà que la supériorité numérique n'est que l'un des facteurs qui, dans le combat, produisent la victoire. On ne saurait donc croire avoir tout gagné, quand on n'a pour soi que ce seul avantage, et il se peut très bien, même, qu'en raison du concours des autres circonstances, on ne possède, en cela, que fort peu de chose.

Cependant la supériorité numérique a ses degrés ; on se la peut représenter double, triple, quadruple. On comprend que, ainsi progressante, elle en arrive à tout primer.

Dans ces conditions on ne saurait nier que la supériorité numérique ne soit le plus important agent du résultat dans un combat, mais encore faut-il toujours qu'elle soit assez grande pour balancer l'action réunie de tous les autres agents.

Il ressort de ces considérations que l'*on doit porter au combat sur le point décisif, le plus grand nombre possible de troupes*. Que ces troupes suffisent alors ou non, on n'aura, du moins, rien à se reprocher, puisque l'on aura ainsi tiré parti de tous les moyens dont on disposait. Tel est le premier principe en stratégie.

Exprimé dans des termes aussi généraux, ce principe ne conviendrait pas moins à des Grecs qu'à des Perses, à des Anglais qu'à des Indiens, à des François qu'à des Allemands.

Jetons cependant les yeux sur l'état actuel de nos rapports militaires en Europe, et cherchons à en tirer quelque chose de plus précis pour nous. Ici nous ne voyons partout que des armées ayant à peu près le même armement, la même organisation et, dans toutes les branches du métier, la même instruction. Il ne se présente, en somme, d'alternative variable que dans les vertus guerrières des troupes et les talents des généraux en chef. On chercherait inutilement dans toute l'histoire des temps modernes, un exemple semblable à celui de Marathon.

À Leuthen, le grand Frédéric, avec environ 30.000 hommes, bat 80.000 Autrichiens ; avec 25.000, à Rosbach, il défait 50.000 Impériaux et Français. Tels sont les deux seuls exemples de victoires remportées sur des adversaires deux ou plus de deux fois supérieurs en nombre. Nous ne saurions, en effet, citer ici la bataille de Narva gagnée par Charles XII, tout d'abord parce que les grandes lignes de cette affaire sont restées trop obscures, puis parce que, à cette époque, les Russes ne pouvaient vraiment pas encore être considérés comme des Européens. À Dresde, 220.000 alliés (Autrichiens, Russes et Prussiens) sont battus par les 120.000 hommes de Bonaparte. Ici déjà, l'effectif des vaincus n'atteignait pas tout à fait le double de celui des vainqueurs. Enfin, malgré l'exceptionnelle valeur militaire de Frédéric le Grand et de l'empereur Napoléon, et bien que, dans l'un comme dans l'autre cas, l'infériorité numérique de leurs troupes fût loin d'être de moitié, le premier avec 30.000 hommes, échoua à Collin contre 50.000 Autrichiens, de même que le second, à la bataille désespérée de Leipzig, succomba avec 160.000 hommes sous les efforts de 280.000 alliés.

On voit clairement, par ces exemples, que dans l'état actuel de l'Europe, et si grand que soit le génie d'un général en chef, celui-ci ne peut que très difficilement arriver à la victoire lorsqu'il a à lutter contre des forces doubles des siennes. Or si, portée à ce degré, la supériorité numérique exerce une si grande influence, on ne peut douter que moins élevée, mais encore considérable cependant, elle ne suffise, quelque désavantageuses d'ailleurs que soient les autres circonstances, à assurer le succès dans les cas ordinaires, c'est-à-dire dans les combats et engagements de divers ordres.

Nous croyons donc que dans la majorité des cas, et particulièrement dans les rapports où se trouve aujourd'hui la Prusse, ainsi, d'ailleurs, que dans toutes les situations semblables, la plus importante des conditions, entre toutes, est de se trouver fort sur le point décisif. Or cela dépend, à la fois, et de la force absolue dont on dispose, et de l'habile emploi qu'on en sait faire.

La première règle serait donc d'entrer en campagne avec une armée aussi forte que possible. Cela sonne comme un axiome mais n'a cependant pas toujours été accepté comme tel. Pour le prouver et montrer que pendant bien longtemps on n'a attaché aucune importance à la force numérique des armées, nous n'avons qu'à faire remarquer que la plupart des historiens militaires du XVIIIe siècle, voire même ceux qui entrent le plus volontiers dans les détails, ne font aucune mention de ce facteur ou se contentent de n'en parler qu'accessoirement. Tempelhof, dans son histoire de la guerre de Sept ans, est le seul qui fasse habituellement exception à la règle, et encore ne le fait-il que très superficiellement.

Massenbach, dans ses réflexions critiques sur les opérations des Prussiens dans les Vosges en 1793 et 1794, parle beaucoup de montagnes, de vallées, de chemins et de sentiers, mais ne dit pas un mot des forces respectivement engagées.

Une idée étrange hantait même le cerveau de bon nombre des écrivains critiques de cette époque, idée par laquelle il existerait, dans une armée, une limite normale d'effectif qu'il serait plus désavantageux que profitable de dépasser.

Il se rencontre enfin une quantité d'exemples de batailles et de guerres même, au gain desquelles on a négligé de faire concourir la totalité des forces dont on pouvait disposer, et cela par la seule raison qu'on n'accordait pas alors à la supériorité numérique la valeur réelle qu'elle possède.

Par contre, dès qu'on est pénétré de la conviction qu'il n'est pas de résultat réalisable que ne puisse atteindre une supériorité numérique suffisante, cette conviction réagit nécessairement sur les dispositions militaires, et l'organisation de l'armée repose, dès lors, sur des bases telles, que l'on se trouve sans cesse en situation, au début d'une guerre, d'entrer en campagne avec le plus grand nombre possible de troupes, de façon, si l'on ne peut arriver sol-même à la supériorité numérique absolue, à empêcher du moins l'adversaire d'avoir cet avantage de son côté.

Or, comme c'est affaire au Gouvernement de fixer la force absolue d'une armée qui va entrer en campagne, il en résulte que bien que cette fixation soit réellement le premier acte stratégique de la guerre, le général en chef qui a reçu mission de conduire les troupes au combat, doit, la plupart du temps, considérer cette grandeur comme une donnée, soit qu'il n'ait pas eu voix au conseil, soit même qu'y ayant été appelé, les circonstances se soient opposées à ce qu'on donnât aux forces l'extension qu'il réclamait.

Il ne lui reste donc plus désormais, alors que, par suite, il ne peut plus atteindre à la supériorité numérique absolue, que la ressource de se procurer, par l'habile emploi de ses forces, la supériorité relative sur le point décisif.

La judicieuse appréciation des distances ainsi que du temps nécessaire à les parcourir, semble être ici la chose essentielle, et cela a conduit, tout d'abord, à considérer cette appréciation comme le facteur le plus général et le plus important de l'emploi des forces. On a même été si loin, dans ce sens, qu'on en est arrivé à prétendre que celui-là seul était un véritable homme de guerre qui possédait un don spécial à ce sujet. Or, bien que le calcul des distances et du temps pénètre si foncièrement toutes les opérations de la stratégie, qu'il en soit en quelque sorte le pain quotidien, il n'en constitue, néanmoins, ni la plus grande difficulté ni l'élément le plus décisif.

Alors que, sans idée préconçue, on interroge l'histoire, on se rend facilement compte que, dans la stratégie surtout, des erreurs de calcul de ce genre n'ont que très rarement causé de grandes pertes.

On ne saurait d'ailleurs, sans s'engager dans un langage de convention aussi inutile qu'embrouillé, comprendre sous la dénomination d'habiles combinaisons de distance et de temps, tous les cas où, grâce à la rapidité de leurs marches, des généraux actifs et résolus, tels que Frédéric le Grand et Bonaparte, ont, avec une seule et même armée, battu plusieurs de leurs adversaires. On ne peut, en effet, juger des choses et apprécier sainement leur valeur et les résultats qu'elles produisent, qu'en les classant à leur place et selon leur vrai nom.

La juste appréciation de la situation et du caractère des adversaires, l'audace de ne laisser, par moments, que des forces peu nombreuses en leur présence, l'extrême énergie des marches forcées, l'habileté et la promptitude des surprises, l'activité la plus incessante, toutes les aptitudes en un mot, que le danger ne fait qu'accroître dans les grandes âmes, tels sont les agents qui conduisent à de pareils succès.

Si on y regarde de près, combien sont rares, d'ailleurs, les exemples de ce jeu par ricochets des forces, auquel les grands généraux recourent de préférence dans la défensive, et par lequel des victoires comme celles de Rosbach et de Montmirail donnent, pour ainsi dire, l'élan à d'autres victoires telles que celles de Leuthen et de Montereau !

La supériorité relative, c'est-à-dire l'adroite réunion de forces supérieures en nombre à celles de l'ennemi sur le point décisif, a bien plus fréquemment son origine dans la judicieuse appréciation de ce point, dans la direction imprimée aux troupes dès leurs premiers pas, ainsi que dans l'esprit de décision qui permet, en sacrifiant ce qui est moins nécessaire à ce qui l'est davantage, de tenir les forces sans cesse en situation de se concentrer promptement. Ce fut là particulièrement l'un des côtés caractéristiques du génie de Frédéric II et de Bonaparte.

Nous croyons avoir ainsi rendu à la supériorité du nombre l'importance réelle qui lui appartient. Considérée dans son principe foncier, elle doit, autant que faire se peut, être tout d'abord et partout recherchée. La tenir cependant, par ce motif, pour une condition indispensable de la victoire, serait se méprendre du tout au tout sur ce que nous avons entendu développer dans ce chapitre. Bien plus, on ne doit chercher à l'atteindre qu'en vue d'augmenter la force des troupes à engager dans le combat. Dès que ce résultat est obtenu dans la mesure du possible, on a satisfait au principe, et ce n'est plus, dès lors, que par l'examen des situations respectives, qu'il convient de décider si, en raison des forces qui peuvent encore manquer, le combat doit ou non être évité.

IX
LA SURPRISE

Nous avons vu, au chapitre précédent, qu'il fallait, incessamment et partout, agir en vue de se procurer la supériorité numérique sur le point décisif. Cet effort constant en engendre aussitôt un autre également général, celui de surprendre l'ennemi. Sans surprise, en effet, point de supériorité relative possible.

La surprise constitue donc, tout d'abord, le moyen d'arriver à la supériorité. Elle possède, en outre, en raison de l'effet moral qu'elle exerce, une propriété qui lui est absolument spéciale. L'expérience et l'étude de l'histoire démontrent, en effet, que, lorsqu'elle réussit à un haut degré, le trouble et le découragement qu'elle jette dans les rangs de l'ennemi, concourent puissamment à augmenter la grandeur du résultat.

Il ne saurait être question, ici, du cas très exceptionnel de la surprise générale de tout un pays au début d'une guerre, alors que l'attaquant a su prendre si secrètement ses dispositions, que l'attaqué ne les a pas soupçonnées, ou ne s'en est du moins rendu compte que trop tardivement ; nous n'entendons parler que des cas de surprises qui, au courant d'une campagne, se peuvent produire de part et d'autre, mais plus particulièrement cependant de la part de la défensive tactique, par suite de l'habile répartition des forces et de l'entente des dispositions générales.

Bien qu'à des degrés très différents selon la nature des entreprises et les circonstances qui les accompagnent, l'intention de surprendre l'ennemi se rencontre, sans exception, au fond de toutes les entreprises de guerre.

Les qualités qui distinguent l'armée, le général en chef et le Gouvernement exercent, dès le principe, une grande influence à ce sujet. On ne peut surprendre, en effet, que par le secret et la rapidité ce qui suppose de la force de volonté de la part des autorités dirigeantes, une extrême énergie dans le commandement, de la discipline, du dévouement, de la vigueur et la rigoureuse exécution des ordres de la part des troupes.

La surprise, avons-nous dit, est d'un usage général à la guerre. Elle y est même indispensable et, bien conduite, ne demeure jamais complètement sans effet. Quoiqu'on y soit naturellement porté, ce serait cependant s'en faire une très fausse idée, que de la considérer comme un moyen infaillible d'arriver à de grands résultats. Il est rare, en effet, qu'elle réussisse à un haut degré. Cela tient à ce que les efforts qu'elle exige sont la plupart du temps paralysés par l'imprévu et les difficultés de l'exécution.

Les espaces étant plus restreints et les opérations plus rapides dans la tactique que dans la stratégie, c'est dans la première que la surprise a ses coudées les plus franches. On comprend, par suite, qu'elle soit plus applicable dans la stratégie quand les opérations sont exclusivement dirigées vers un but militaire, que lorsqu'elles sont plus ou moins influencées par des considérations politiques.

Les préparatifs de guerre prennent généralement plusieurs mois, le rassemblement des armées sur les grands points de formation exige, au préalable, l'établissement de dépôts et de grands magasins, et les troupes, pour s'y rendre, doivent exécuter des marches considérables, toutes choses qui ne se peuvent produire à l'insu ou sans éveiller l'attention des pays voisins.

Il ne peut donc être qu'excessivement rare qu'un État se laisse surprendre au début d'une guerre, parce qu'il n'a pas prévu l'attaque ou que, l'ayant prévue, il n'a pas deviné de quel côté elle allait se produire.

Aux XVIIe et XVIIIe siècles, alors que la guerre de siège était si fort en honneur, investir une place forte par surprise était regardé comme le suprême de l'art, et constituait le but des efforts réitérés de l'attaque. L'histoire ne relate, cependant, que de très rares exemples de réussite dans ce genre d'opérations.

Mais là où, par contre, l'action se peut produire d'un jour à l'autre, la surprise est bien autrement réalisable. C'est ainsi que l'on voit souvent, par une journée de marche gagnée sur lui, devancer l'ennemi sur une position, sur une route ou sur un point important.

Il va de soi, cependant, que ce que la surprise gagne ainsi en facilité, elle le perd en résultat, et que pour conduire à de grands succès, elle doit, en général, être exécutée sur une vaste échelle et coûter de grands efforts.

Alors qu'on étudie l'histoire à ce sujet, il faut aller au fond des choses et se bien garder de s'en tenir aux chevaux de parade, aux sentences favorites et aux phrases à effet des historiens critiques. Dans la campagne de 1761 en Silésie, ils attribuent, par exemple, la signification la plus erronée, au point de vue du résultat, à la journée de marche que le grand Frédéric gagna sur le général Laudon, en se portant, le 22 juillet, sur Nossen, près de Neisse. Ils soutiennent que le Roi empêcha ainsi la jonction des armées russe et autrichienne dans la haute Silésie, et gagna, du coup, une avance de quatre semaines sur ses adversaires. Lorsqu'on étudie le fait dans les historiens sérieux (Tempelhof, le vétéran, le grand Frédéric), tout contredit ce raisonnement à la mode, et l'on voit qu'au lieu d'accorder une si grande importance à la marche forcée du 22 juillet, il convient d'attribuer la majeure partie de l'avance ainsi gagnée par le Roi à la quantité de mouvements insuffisamment motivés que Laudon, cédant à l'engouement de l'époque pour les manœuvres, fit exécuter à ses troupes. On ne saurait donc s'en tenir à de pareilles assertions lorsque l'on a soif de persuasion et de vérité.

Une activité soutenue, de promptes résolutions, de longues marches rapidement exécutées sont les moyens auxquels on a naturellement recours lorsqu'on se propose, au courant d'une campagne, de tirer le plus grand parti du principe de la surprise, et cependant l'exemple des deux plus grands maîtres en cet art prouve qu'alors même qu'ils ont été appliqués avec le plus d'énergie, ces moyens n'ont pas toujours produit l'effet qu'on s'en promettait. En 1760 Frédéric le Grand quitte subitement Bauzen, tombe sur Lasoy et se dirige sur Dresde, et, par cet effort, ne fait qu'aggraver sa situation, car, pendant l'opération, Glatz tombe aux mains de l'ennemi. Bonaparte pareillement ne fit que donner des coups d'épée dans l'eau, lorsqu'on 1813, sans même parler de son irruption de la haute Lusace en Bohême, deux fois il quitta Dresde pour se jeter sur Blücher. Dans l'un comme dans l'autre cas, il ne perdit que du temps, et laissa la ville de Dresde exposée aux plus sérieux danger.

Certes, une grande activité, beaucoup de résolution, des marches rapides constituent d'excellents éléments de surprise ; mais, en général, pour conduire à de grands résultats, l'opération doit, en outre, être favorisée par les circonstances qui l'accompagnent. Or ce sont là des conditions qui ne se présentent pas souvent d'elles-mêmes, et que le commandement n'est que rarement en état de faire naître.

Les deux grands hommes de guerre que nous venons de citer vont, de nouveau, nous fournir chacun un exemple à ce propos.

Il n'est pas de marche forcée d'une durée de 48 heures qui ait produit de plus grands résultats que celle qu'exécuta Bonaparte contre Blücher en 1814, quand l'armée de celui-ci, séparée du gros des Alliés, descendit la Marne sur une étendue de trois journées de marche. Surprise dans cet ordre, elle fut battue en détail et subit des pertes égales à celles d'une défaite en bataille rangée. Si Blücher eût cru à la possibilité d'une attaque si soudaine, il n'y a pas de doute qu'il eût pris d'autres dispositions de marche. Toujours est-il qu'il commit cette imprudence. Sans cette faute de son adversaire, Bonaparte n'eût pas rencontré de conditions si favorables, et, par suite, c'est bien plutôt à l'effet même de la surprise qu'aux moyens employés pour la réaliser, qu'il convient d'attribuer la grande portée de l'opération.

Quant à Frédéric le Grand, des circonstances non moins favorables lui assurèrent le gain de la belle bataille de Liegnitz en 1760. Bien qu'il n'eût pris position que fort tard dans la journée du 14 août, il jugea nécessaire d'en changer dans la nuit même. Pour cacher cette manœuvre à l'ennemi, il eut soin, cependant, de faire entretenir les feux du bivouac qu'il abandonnait ainsi. Cette ruse eut un succès complet, de sorte que, lorsqu'au point du jour, le 15, Laudon quitta son camp pour se porter sur le flanc de la position où il croyait trouver les Prussiens, il vit tout à coup ceux-ci rangés en bataille devant lui. Ainsi surpris dans leur ordre de marche quand ils se croyaient encore loin de l'ennemi, les Autrichiens furent complètement battus et laissèrent 10.000 prisonniers et 70 bouches à feu aux mains du vainqueur. Il est vrai qu'à cette époque le Roi avait adopté pour principe une extrême mobilité, afin de déjouer les plans de l'ennemi et d'éviter tout engagement formel, mais ce ne fut cependant pas là ce qui motiva son changement de position dans la nuit du 14 au 15. De son propre aveu il n'agit ainsi que parce que la position du 14 lui inspirait des inquiétudes. Le hasard joua donc ici encore un rôle considérable. Sans la coïncidence de la surprise projetée par les Autrichiens et du changement de position exécuté par leurs adversaires, le résultat de la bataille eût certainement été différent.

Nous avons déjà reconnu que le principe de la surprise, constamment applicable dans la tactique, le devient de moins en moins au fur et à mesure que les conceptions deviennent plus exclusivement stratégiques. L'histoire relate cependant, à ce sujet, quelques rares exemples de surprises à grands résultats, telles que le fameux passage des Alpes par Bonaparte en 1800, et les brillants exploits du grand Electeur contre les Suédois, de la Franconie à la Poméranie et de la Mark au Pregel, en 1757. Pour le cas, plus rare encore, où un État se laisse absolument surprendre par l'attaque au début d'une guerre, nous pouvons citer l'irruption du grand Frédéric en Silésie. Dans chacune de ces trois circonstances le succès fut énorme. Mais il ne faut pas s'y tromper, ce sont là des événements dont on ne trouve que fort peu d'exemples dans l'histoire, et qu'il faut bien se garder de confondre avec le cas tout différent où, comme la Saxe en 1756 et la Russie en 1812, un État, par manque d'activité et d'énergie, se laisse devancer dans ses préparatifs de guerre.

Nous terminerons par quelques remarques essentielles.

Pour conduire de bons résultats, une surprise demande à être bien conçue et bien préparée. Elle doit porter juste, c'est-à-dire se produire en temps convenable et à point nommé, sans quoi l'ennemi n'aura que peu à s'en inquiéter, et, au lieu de recevoir la loi, pourra parfois même, par une riposte vigoureuse, faire tourner l'opération à son profit.

Bien que, par suite de l'initiative de son action, la forme offensive soit plus fréquemment en situation d'appliquer le principe de la surprise, nous verrons cependant, par la suite, que la forme défensive y a elle-même souvent recours. Il peut donc se présenter que, de part et d'autre et au même moment, on opère, à la guerre, dans l'intention réciproque de se surprendre. Par analogie à ce que nous avons dit tout à l'heure, on devrait supposer que l'avantage doit, en pareil cas, rester au côté dont les dispositions portent le plus juste. Il n'en est cependant pas toujours ainsi dans la réalité, et cela uniquement parce que, en raison de la puissance de l'influence morale qu'elle exerce, la surprise produit parfois des effets si inattendus, qu'elle peut aussi bien favoriser ici celui des deux adversaires dont la position est la plus périlleuse, que celui dont les dispositions sont les meilleures et les plus rassurantes.

Le calcul de ce que l'on peut tirer de l'application du principe de la surprise, repose en grande partie sur la situation dans laquelle on se trouve par rapport à l'adversaire. Plus on possède de supériorité morale sur l'ennemi, plus on est en état de le devancer et de le décourager, et plus il convient de chercher incessamment à le surprendre.

C'est ainsi compris et appliqué, que le principe a conduit à de grands résultats, c'est ainsi même qu'il a souvent procuré la victoire là où, par tout autre moyen, on ne fût arrivé qu'à la défaite et à la honte.

X
La ruse

La ruse suppose une intention cachée. Elle est donc à la manière d'agir simple et droite ce que la subtilité de l'argumentation est à la preuve directe. Elle n'a, par suite, rien de commun avec les moyens qui naissent de l'instinct, de l'intérêt de la situation, ou de la force même des événements, mais elle a de nombreux rapports avec le mensonge qui suppose également une intention cachée, et, bien qu'elle en diffère en ce qu'elle ne procède pas comme lui, par un manquement direct à la parole exprimée, elle conduit, en somme, au même résultat.

L'homme rusé laisse celui qu'il veut tromper tomber de lui-même dans l'erreur, et y persévérer jusqu'à perdre tout sentiment de la situation réelle.

Ce ne semble pas être sans raison que, dans, le principe, le même mot (στρατήγημα) ait eu, à la fois, la signification de ruse et de stratégie, et, malgré toutes les métamorphoses apparentes ou réelles que, depuis les Grecs, le grand art de la guerre a subies dans son ensemble, ces deux mots ont, aujourd'hui encore, essentiellement la même signification.

Alors que l'on abandonne à la tactique l'exécution des coups de force ou combats, et que l'on considère la stratégie comme l'art de les préparer et de les rendre possibles par l'heureuse disposition et l'habile emploi de toutes les forces qui y peuvent concourir, on sent bien qu'en dehors de la soif de gloire, de la force de volonté et des autres grandes puissances morales qui y sont tout d'abord indispensables, la ruse est, de tous les dons subjectifs, celui qui est le plus propre à conduire et à vivifier l'action stratégique. Ce que nous avons dit, dans le chapitre précédent, de la nécessité habituelle de surprendre l'ennemi, appuie déjà notre raisonnement à ce sujet. Il n'est pas possible, en effet, d'exécuter une surprise, sans y apporter foncièrement un degré plus on moins grand de ruse.

Quelque instinctif que soit le désir que l'on éprouve, lorsqu'on étudie l'histoire d'une campagne, de voir les généraux opposés rivaliser d'activité, de ruse et d'adresse, il faut reconnaître, cependant, que ce sont là des qualités fort rares ou qui, du moins, ne se peuvent, au courant d'une guerre, que très exceptionnellement dégager de la masse des circonstances et des rapports.

Il n'est pas difficile de découvrir les causes de ce phénomène.

En général la stratégie ne se préoccupe que d'agencer et d'ordonner les combats, ainsi que des dispositions qui y ont rapport.

Les plans simulés, les ordres donnés pour la forme, les fausses nouvelles répandues à dessein, tout cela ne constitue, par contre, que des moyens très propres à la ruse, il est vrai, mais de trop faible effet pour que la stratégie y ait recours autrement que dans les cas exceptionnels où les circonstances y invitent particulièrement.

Quant aux démonstrations et aux fausses dispositions de combat, pour en imposer à l'ennemi et le contraindre à prendre des mesures en conséquence, elles exigent une apparence de vérité qu'on ne leur peut donner qu'au prix d'une dépense de temps et de force d'autant plus considérable que le but à atteindre doit sembler plus élevé. Or, comme en général on est avare de son temps et de ses forces à la guerre, on lésine à ce sujet, ce qui fait que la plupart des démonstrations stratégiques ne produisent pas l'effet qu'on en attend.

Ce n'est jamais sans danger, d'ailleurs, que, pour la forme et pendant un temps considérable, on se prive d'une partie importante de ses forces. Ce peut être, tout d'abord, sans aucun profit, et il peut se faire, en outre, que, pendant leur absence, ces forces fassent défaut sur un point important dans une circonstance imprévue. En d'autres termes, les mouvements ne se produisent pas sur le damier stratégique, avec la rapidité qui constitue l'élément de la ruse et de l'astuce.

La justesse de ces considérations agit incessamment sur l'esprit du général en chef et, dans la majorité des cas, le porte à renoncer aux moyens détournés, pour se consacrer exclusivement à l'action directe.

Nous concluons de ces réflexions que la pénétration et la justesse du jugement sont, dans le commandement supérieur, des qualités plus nécessaires que la ruse, bien que celle-ci ne gâte rien, lorsqu'elle ne s'exerce pas au détriment de qualités morales plus utiles, ce qui n'est, il faut le reconnaître, que trop fréquemment le cas.

La direction stratégique devient accessible à la ruse dans la mesure même de l'insuffisance des forces dont elle dispose, si bien que, en dernière instance, elle y a exclusivement recours, lorsque, ne pouvant plus rien tirer des moyens de la prudence, de la sagesse et de l'art, elle en arrive au degré d'épuisement où tout semble l'abandonner. C'est alors qu'on voit les grands généraux, laissant de côté tout calcul et tout intérêt consécutif pour lutter incessamment de ruse et d'audace, chercher à concentrer leurs derniers efforts en un coup désespéré, et parvenir ainsi, parfois, à rétablir leur fortune au moment même où elle parait devoir sombrer.

XI
Réunion des forces dans l'espace

La meilleure stratégie est d'être toujours très fort, d'abord d'une façon générale, puis sur le point décisif, Or, comme le général en chef n'est pas toujours consulté lorsque l'on détermine la force absolue de l'armée, la première et la plus importante des règles qui s'imposent à lui est de *tenir ses forces réunies*. Il ne doit distraire de la masse générale de ses troupes que ce qui est strictement indispensable à la satisfaction d'une *nécessité urgente*. Nous nous en tiendrons à ce critérium, car seul il dirige sûrement l'action stratégique.

On découvrira peu à peu, au courant de cet ouvrage, quelles sont les circonstances dans lesquelles on peut raisonnablement recourir à la division des forces. On verra alors que les résultats généraux de ce principe ne restent pas les mêmes dans toutes les guerres, mais qu'ils varient en raison du but poursuivi et des moyens employés dans l'application.

Quelque incroyable que cela paraisse être, il arrive maintes fois que, cédant en cela à la force inconsciente de la routine et de l'exemple, des généraux en chef fractionnent et disséminent leurs troupes sans l'ombre d'un motif plausible.

On n'est à l'abri de toute folie de ce genre, que lorsque l'on adopte la concentration des forces pour règle normale, car, dès lors, on se rend facilement compte des cas exceptionnels où il convient de recourir à un fractionnement plus ou moins étendu.

XII
Union des forces dans le temps

Le sujet que nous abordons revêt tant d'apparences trompeuses dans l'application, qu'il est absolument nécessaire pour le fixer et le clairement exposer, de le scruter profondément et de l'examiner sous toutes ses faces. On nous permettra donc encore ici, sans doute, de débuter par une courte analyse.

À la guerre chacun des adversaires tend incessamment à se trouver dans les conditions les plus favorables au moment où se produira le choc matériel des forces opposées. Or, comme dans ce choc celle des deux forces qui développera le plus de puissance anéantira nécessairement l'autre et l'entraînera même dans son propre mouvement, tout emploi successif des forces serait illogique, et l'on doit sans cesse être en mesure de porter ensemble au même choc la totalité des forces qui sont susceptibles d'y prendre part.

Mais lorsque ainsi préparé dans les meilleures conditions matérielles, le choc se réalise, l'emploi successif des forces se présente aussitôt à l'esprit. La lutte, en effet, devient directe et revêt dès lors la forme d'une action réciproque, raisonnée et soutenue entre les deux adversaires, dont chacun cherche à détruire l'autre en ne risquant, de la totalité des forces dont il dispose, que ce qu'il croit nécessaire à l'obtention de ce résultat. C'est ainsi que l'on procède dans le combat, tout d'abord parce que l'arme à feu est la base foncière de la tactique, mais aussi par d'autres raisons que nous allons exposer au lecteur.

Étant donné que dans un combat de mousqueterie entre deux troupes d'effectif différent (supposons ici, pour faciliter le raisonnement, mille grenadiers d'un côté et cinq cents voltigeurs de l'autre), les autres conditions de la lutte soient rigoureusement égales, la perte en hommes sera nécessairement, de part et d'autre, la résultante des rapports d'effectif et de tir existant entre les forces engagées. Les mille grenadiers tireront une fois plus de coups de fusil que les cinq cents voltigeurs ; mais étant plus nombreux que ceux-ci, ils offriront plus de probabilité au tir de leurs adversaires, et recevront par suite plus de balles portantes. Si, poussant plus loin le raisonnement, on admet que les grenadiers étant une fois plus nombreux, recevront le double de blessures, le chiffre des hommes hors de combat sera, de part et d'autre, constamment égal pendant toute la durée de l'action. Or si, les choses se poursuivant ainsi, au moment par exemple où il y aura 200 hommes blessés de chaque bord, les 500 voltigeurs sont soutenus par l'arrivée en ligne de 500 autres voltigeurs jusque-là intentionnellement et prudemment tenus en réserve hors de toute atteinte du feu, l'avantage passera aussitôt de leur côté. Il y aura en effet, dès lors, de part et d'autre, 800 combattants ; mais tandis que du côté des grenadiers ces 800 combattants seront tous également fatigués, désunis et appauvris de munitions par le combat, du côté des voltigeurs pour 300 combattants dans la môme situation affaiblie, il y en aura 500 de troupes absolument fraîches, c'est-à-dire en ordre parfait, dans la plénitude de leurs forces, et ayant le complet de leurs cartouches.

Il faut reconnaître cependant, que la supposition que les grenadiers, en raison de leur effectif double, auront le double d'hommes hors de combat, n'a rien de rigoureux, et restera, la plupart du temps, sans se réaliser, ce qui constitue, tout d'abord, un avantage à porter à leur actif, et qu'en outre, se trouvant dans le principe beaucoup plus forts que leurs adversaires, ils réussiront, dans la majorité des cas, à les déloger de leurs positions et à les forcer à la retraite, avant que les réserves aient eu le temps d'arriver en ligne.

Le raisonnement ne saurait pousser plus loin la recherche des avantages et des inconvénients que présentent l'une et l'autre méthode, et l'expérience peut seule désormais trancher la question. Or, de l'avis de quiconque a déjà fait la guerre, la prépondérance appartient, dans la majorité des cas, à celui des deux adversaires qui, le dernier, peut encore disposer de troupes fraîches.

On voit ainsi quel danger il y a à engager trop de forces au combat. Quels que soient les grands avantages, en effet, qu'on puisse tirer d'une supériorité numérique considérable au début de l'action, il peut se faire que, l'instant d'après, on ait à regretter amèrement de n'avoir pas conservé un nombre suffisant de troupes fraîches en réserve. Ce danger ne se prolonge toutefois, qu'aussi longtemps que dure la crise même du combat, c'est-à-dire la période de désordre, de dêsunion et d'affaiblissement qu'il provoque de part et d'autre, et pendant laquelle l'apparition d'un nombre relativement suffisant de troupes fraîches exerce une influence décisive. Mais dès que le succès s'affirme d'un côté, il crée aussitôt un sentiment de supériorité morale, l'état de crise cesse, et les réserves de l'ennemi sont désormais inhabiles à rétablir l'équilibre perdu. Il n'est pas d'exemple d'une armée battue qui, le jour suivant, ait été ramenée à la victoire par de fortes réserves.

Nous nous trouvons ici à l'origine d'une différence essentielle entre la tactique et la stratégie.

C'est au courant du combat et avant qu'il ait pris fin, pendant la période de désordre, de désunion et d'affaiblissement qui en est, de part et d'autre, l'inévitable conséquence, que se produisent la plupart des résultats tactiques, tandis que c'est précisément alors que le succès fait cesser cet état de crise, que se réalisent les résultats stratégiques, c'est-à-dire le *résultat total* du combat, victoire ou défaite, qu'elle qu'en soit d'ailleurs la grandeur. Ce n'est, en d'autres termes, qu'alors que les résultats partiels obtenus dans l'action directe se réunissent en un tout indépendant, autonome, substantif, qu'apparaît enfin le résultat stratégique ; mais alors la crise cesse, l'ordre et l'union se rétablissent, les troupes se reforment et ne se trouvent plus affaiblies que des pertes effectives qu'elles ont subies pendant le combat.

C'est en raison de cette différence que tandis que la stratégie doit recourir à l'emploi simultané des forces, la tactique peut ne les mettre que successivement en action.

Dans la tactique, en effet, l'action se décomposant en une série d'engagements secondaires, on a, dans la recherche de chaque résultat partiel, à se préoccuper du résultat suivant. Il faut donc, ne portant à chaque engagement que le nombre de troupes qui y est strictement nécessaire, conserver le reste en réserve hors de la portée du feu, afin d'être en mesure d'opposer des forces fraîches aux forces nouvelles que l'ennemi pourra engager dans le combat, et de l'écraser, en dernier ressort, lorsqu'il commencera à faiblir.

Il n'en est pas ainsi dans la stratégie. L'action stratégique ne commençant, en effet, qu'alors que la crise tactique a pris fin, un revirement y est, tout d'abord, beaucoup moins à craindre ; puis, à moins qu'on n'ait imprudemment consacré trop de forces aux phases successives du combat, toutes les troupes stratégiquement réunies n'y ont pas, de toute nécessité, pris part. Or celles de ces troupes qui n'ayant encore que peu ou point combattu ont néanmoins déjà, par leur présence seule et en raison de leur supériorité numérique, contribué au résultat tactique, sont, après ce résultat ce qu'elles étaient avant, c'est-à-dire absolument fraîches et en situation de puissamment concourir à la solution stratégique désormais seule en question.

On voit ainsi que, dans la stratégie, les pertes ne croissent pas, et que souvent même elles diminuent, tandis que, par contre, les chances de succès augmentent proportionnellement à l'étendue des forces employées. *On ne saurait donc jamais porter trop de forces à la fois à l'action stratégique.*

La question demande encore, cependant, à être examinée à un autre point de vue. Nous ne nous sommes occupé jusqu'ici que du combat en lui-même. Il est, en effet, l'activité guerrière par excellence ; mais, néanmoins, les trois agents de cette activité : l'homme, le temps et l'espace, en raison de l'influence qu'ils exercent, doivent aussi être pris en considération et entrer en ligne de compte.

Il est à la guerre un principe spécial de destruction qui, bien que toujours plus ou moins inséparable du combat, n'exerce cependant tous ses ravages que dans la stratégie. Quelque haut degré qu'atteignent, en effet, parfois *les fatigues, les efforts et les privations* dans la tactique, les instants y sont si courts, et l'action si rapide, que les effets destructeurs de ces agents ne peuvent guère y être pris en considération. Dans la stratégie au contraire, leur influence est toujours puissante et devient souvent décisive.

C'est ainsi, par exemple, qu'il n'est pas rare qu'une armée, dans sa marche victorieuse, perde plus d'hommes par les maladies que dans les combats.

Si nous apportons à l'examen de ce principe de destruction spécial à la stratégie, le soin que nous avons déjà mis à l'étude du principe de destruction spécial au combat, nous nous rendrons facilement compte que tout ce qui s'y trouve exposé arrive, à la fin d'une campagne ou d'une grande opération stratégique, à un degré d'affaiblissement assez considérable pour rendre absolument décisive l'entrée en ligne d'une quantité relativement suffisante de troupes fraîches. On pourrait donc être tenté d'agir ici comme dans la tactique, c'est-à-dire de ne porter que le moins de forces possible aux premiers résultats, et de conserver de nombreuses troupes fraîches pour les efforts consécutifs.

Pour apprécier à sa valeur cette pensée qui bien souvent, dans l'application, présentera une grande apparence de vérité, il nous la faut considérer sous toutes ses faces.

Qu'on se garde, tout d'abord, de confondre l'idée d'un simple renfort avec celle d'une troupe fraîche non encore utilisée. Il ne s'agit pas ici, en effet, du complément de forces qui, nécessaire dès le début à une armée, ne lui parvient, par force majeure, qu'au courant ou à la fin d'une campagne, et peut alors parfois donner à son action une puissance décisive. En pareil cas ces troupes ne jouent ainsi tardivement, que le rôle qu'elles eussent joué dès le principe, si elles eussent été présentes. Mais ce serait raisonner contre toute expérience que de conclure de ce qu'une réserve tactique est préférable à une troupe déjà fatiguée par le combat, qu'une armée conservée de toutes pièces en dehors de l'action militaire, apportera, à son entrée en campagne, une valeur supérieure à celle d'une armée déjà aguerrie. Il est vrai que le courage et la force morale dés troupes diminuent dans les revers ; mais, par contre, ces qualités grandissent dans le succès. Or, dans la généralité des cas, les alternatives de la campagne font que ces effets se neutralisent et que, par suite, l'habitude de la guerre demeure le seul gain véritable. Il n'y a guère d'ailleurs, à tenir compte à ce sujet que des campagnes heureuses, car dès que la défaite devient vraisemblable, les forces paraissent déjà insuffisantes, et, par suite, il n'y a plus à songer à en réserver une partie pour les consacrer à un usage ultérieur.

Ajoutons à cela que, à l'inverse de ce qui a lieu pour les pertes dans le combat, les pertes qu'amènent les fatigues, les efforts et les privations dans les opérations stratégiques, n'augmentent pas proportionnellement à l'élévation de l'effectif des troupes qui prennent part à ces opérations. Les fatigues et les efforts, en effet, résultent en grande partie des dangers incessants dont l'acte de la guerre est toujours plus ou moins pénétré. Parer partout à ces dangers de façon à progresser sûrement vers le but à atteindre, exige une série ininterrompue de dispositions et de mesures dont l'ensemble constitue le service tactique et stratégique de l'armée. Or ce service impose nécessairement d'autant moins de fatigues et d'efforts que les troupes qui y doivent concourir sont plus nombreuses, et qu'on dispose de plus de supériorité sur l'ennemi. Quant aux privations, elles résultent généralement de l'insuffisance des vivres et de la difficulté de répartir les troupes, sinon à l'abri dans des cantonnements, du moins dans des camps suffisamment confortables. Or, bien que ce double problème paraisse d'autant moins soluble que sont plus nombreuses les forces réunies sur un même point, c'est, néanmoins, encore la supériorité numérique qui tranche ici la question, car, grâce à elle, on a moins de danger à s'étendre, et cela procure aussitôt de nouvelles conditions d'entretien et d'emplacement.

Lorsque Bonaparte envahit la Russie en 1812, il réunit ses troupes en masses énormes sur une seule et même route, et les exposa ainsi aux plus extrêmes privations. Il ne faut cependant attribuer cette manière inusitée de procéder qu'au principe favori de ce grand général, de ne pouvoir jamais être trop fort sur le point décisif. Que le principe ait ou non été exagéré dans cette application, c'est une question que nous n'avons pas à examiner ici ; toujours est-il que l'espace ne manquant pas en Russie, si l'Empereur eût voulu mettre fin aux privations qu'il avait ainsi provoquées, il n'eût eu qu'à poursuivre sa marche en répartissant ses colonnes sur un front plus étendu. On ne saurait donc conclure de cet exemple, que l'emploi simultané de forces très supérieures amène nécessairement de très grandes privations et, par conséquent, un affaiblissement consécutif considérable. Alors même, d'ailleurs, qu'au lieu de s'avancer dans cet ordre, Bonaparte eût laissé sur ses derrières, soit comme réserve stratégique, soit pour ne l'employer que plus tardivement, la partie de son armée qu'il eût considérée comme excédant le chiffre effectif des forces avec lesquelles il estimait devoir tout d'abord pénétrer en Russie, il faudrait encore, après avoir pris en considération les pertes que cette réserve elle-même eût faites par suite des intempéries et des fatigues inévitables du service en campagne, embrasser de nouveau la situation ainsi modifiée dans son ensemble, et rechercher enfin si, malgré l'allègement que cette manière de procéder eût apporté aux privations du gros de l'armée, le gain qui s'en fût suivi eût compensé celui que, par maintes voies diverses, une supériorité numérique plus considérable eût permis de réaliser.

Noua avons encore un point important à prendre en considération. Dans la tactique il est assez facile de se rendre approximativement compte du chiffre des forces nécessaires à l'obtention du résultat maximum de chacun des engagements partiels dont le combat se compose dans son entier, ce qui détermine aussitôt le nombre des forces en excédent.

Dans la stratégie où les résultats ont incomparablement moins de précision et sont beaucoup plus longs à réaliser, il est pour ainsi dire impossible d'apprécier et par conséquent de déterminer d'avance le nombre des forces qu'il y faudra consacrer. Il suit de là que ce qui, dans la tactique, peut être considéré comme un excédent de forces, ne le doit être, dans la stratégie, que comme un moyen d'étendre le résultat lorsque l'occasion s'en présente. Or la grandeur du gain réalisé étant en raison du résultat obtenu, on voit que l'on en peut ainsi promptement arriver à une puissance d'action et à une prépondérance que la plus attentive économie des forces ne saurait jamais procurer.

C'est uniquement par suite de l'extrême supériorité de ses forces que Bonaparte, en 1812, réussit à atteindre Moscou et à s'emparer de cette capitale centrale de l'empire, et si, à la bataille de Borodino (la Moskowa), cette supériorité numérique eût encore été assez marquée pour lui permettre de détruire entièrement l'armée russe, il eût, selon toute vraisemblance, imposé à l'empereur Alexandre, à Moscou, une paix qui, de quelque autre manière que ce fût, eût été plus difficile à obtenir. Nous ne cherchons ainsi qu'à jeter de la clarté sur l'idée que poursuivait Bonaparte, et non à la justifier, ce qui exigerait un développement circonstancié qui ne serait pas ici à sa place.

Toutes ces considérations n'ont trait qu'à l'action successive des forces, et nullement à la notion même d'une réserve stratégique. Ce sont là, il est vrai, deux idées qui ont de nombreux points de contact, mais dont la seconde se rattache, en outre, à une série de considérations qui lui sont spéciales, et que nous exposerons dans le chapitre prochain.

Nous avons cherché à prouver ici qu'alors que la durée seule de leur emploi constitue déjà une cause d'affaiblissement pour les forces dans le combat, et que par conséquent, le temps est, dans la tactique l'un des facteurs du produit, ce n'est pas essentiellement le cas dans la stratégie. Dans la stratégie, en effet, l'action destructive que le temps exerce sur les forces tient en partie à d'autres causes et se trouve en partie aussi diminuée par la grandeur même des forces employées, de sorte que, au contraire de ce qui a lieu dans la tactique, on ne saurait se faire un auxiliaire du temps *intrinsèquement considéré*, en ne portant que successivement les forces à l'action stratégique.

Nous disons : du temps *intrinsèquement considéré*, car, en raison des circonstances *extrinsèques* qu'il peut et doit même nécessairement amener en faveur de l'un ou l'autre des adversaires, le temps exerce sur l'action stratégique une influence tout autre, dont la valeur est si loin d'être indifférente, que nous nous réservons d'en faire l'objet de considérations ultérieures spéciales.

La loi que nous avons cherché à développer est donc que de la totalité des forces destinées à amener un choc stratégique, il faut, simultanément et sans exception, employer à ce choc toutes celles qui ne sont pas indisponibles au moment où il se produit, et que cet emploi approchera d'autant plus de la perfection, que le choc se concentrera davantage en un acte et en un moment.

Il existe cependant aussi une action soutenue des forces dans la stratégie, et il convient d'autant moins de la négliger, qu'elle constitue l'un des plus puissants agents du résultat final : c'est le *développement incessant de forces nouvelles*.

Nous traiterons ce sujet dans un chapitre ultérieur, nous contentant, pour le moment, d'en faire mention, afin que le lecteur sache que nous n'avons nullement entendu en parler ici.

Nous allons aborder maintenant une question qui a tant d'affinité avec celle dont nous venons de nous occuper, que l'étude de l'une ne sera pour ainsi dire que le complément de l'étude de l'autre.

XIII
Réserve stratégique

En conservant des forces en réserve on se propose soit de relever ou de renforcer les troupes pendant le combat, soit de parer à des cas imprévus. De ces deux intentions essentiellement distinctes, la première comporte la pensée d'un emploi successif des forces, et par conséquent ne peut se présenter que dans la tactique, tandis que la seconde ressortit aussi à la stratégie.

On n'envoie un corps de troupes renforcer la défense d'un point important en danger d'être enlevé par l'ennemi, que parce qu'on n'a pas, tout d'abord, suffisamment prévu la somme de résistance qu'on devait avoir à opposer sur ce point. Lorsque, par contre, dès le début d'un combat on laisse une partie de ses forces en arrière et en dehors du feu, dans l'intention arrêtée d'avance de ne les engager qu'au fur et à mesure des exigences, on ne constitue manifestement qu'une réserve tactique.

Il se présente donc dans la stratégie des circonstances qui réclament aussi l'emploi de troupes immédiatement disponibles, et, par suite, lorsque ces circonstances sont à prévoir il faut former une réserve stratégique.

Dans la tactique où l'on ne peut généralement se rendre compte des dispositions de l'ennemi qu'en les embrassant du regard, un rideau d'arbres, le moindre pli de terrain suffit à les cacher. Il faut donc nécessairement être sans cesse en situation de faire face aux cas imprévus, et, par conséquent, disposer d'une réserve qui permette à la fois de renforcer après coup les points qui se montreront faibles au courant du combat, et de modifier les dispositions tout d'abord prises, selon que celles de l'ennemi se manifesteront.

Partout où son action confine encore à celle de la tactique, des circonstances analogues peuvent se présenter dans la stratégie et lui imposer des mesures préventives semblables. C'est ainsi, par exemple, que tant qu'elle ignore encore quel sera le résultat réel d'un combat, de même qu'alors qu'elle ne prend que des dispositions transitoires incessamment modifiées par les nouvelles peu sûres que chaque jour, chaque heure, chaque moment amènent, la direction stratégique doit, dans la mesure même de l'incertitude dans laquelle elle se trouve, conserver prudemment une partie de ses forces en réserve. Or on sait que ce sont là des circonstances qui se présentent dans la défensive en général, et particulièrement dans la défense de certaines coupures de terrain, telles que les fleuves et les montagnes.

Mais plus l'action s'éloigne de la tactique pour devenir essentiellement stratégique, et plus cette incertitude diminue, de sorte qu'elle cesse complètement dans les régions où la stratégie confine à la politique.

C'est à la vue seule qu'il est possible de se rendre compte des dispositions que prend l'ennemi lorsqu'une bataille va avoir lieu.

Quelques préparatifs permettent déjà de reconnaître un peu d'avance sur quel point s'effectuera le passage d'un fleuve. Quant au côté par lequel une invasion va se produire, ce sont généralement les journaux qui se chargent de le révéler avant même qu'une amorce ait été brûlée. En un mot, plus les dispositions à prendre sont considérables, et moins on court le risque d'être surpris par elles. Les grandes opérations stratégiques s'accomplissent si lentement, en effet, et sur des espaces si étendus, leurs résultats sont généralement si peu variables et par conséquent toujours si connus, qu'on a tout le temps de les voir venir et de prendre ses dispositions en conséquence.

Il est, en outre, facile de se rendre compte que plus l'action devient essentiellement stratégique, et plus l'emploi d'une réserve perd d'efficacité.

Nous avons déjà reconnu, en effet, que la décision partielle obtenue dans chacun des engagements isolés dont se compose le combat, n'a qu'une valeur relative, et que ce n'est que la somme des décisions successivement obtenues qui constitue la décision même du combat. Or cette décision du combat peut être, elle-même, très relative et affecter un grand nombre de degrés différents, selon que les forces sur lesquelles le succès est obtenu constituent une partie plus ou moins considérable de la masse de l'armée ennemie. Il est certain que par une victoire une armée peut annuler la défaite de l'un de ses corps, de même qu'une bataille perdue par une armée plus faible peut, ainsi que cela s'est vu dans les deux journées de Kulm en 1813, être compensée et au delà, par une bataille gagnée par une armée plus forte, mais il n'en est pas moins évident que la valeur intrinsèque d'une victoire (le résultat total de tout combat heureux), étant d'autant plus considérable que la partie vaincue est plus importante, c'est en raison même de la grandeur de son insuccès que diminuent, pour le vaincu, les chances de le réparer par une victoire ultérieure. Nous nous contentons, pour le moment, d'avoir appelé l'attention du lecteur sur l'existence incontestable de cette progression ; mais c'est là une question à laquelle son importance nous contraindra à revenir dans la suite de cette étude.

Il est enfin une troisième considération à faire valoir au même sujet. C'est qu'alors que l'emploi successif des forces repousse toujours la décision principale à la fin de l'acte tactique, leur emploi simultané a fréquemment pour conséquence d'amener, sinon nécessairement une décision capitale, du moins des résultats considérables, dès les commencements du l'action stratégique.

Nous croyons avoir ainsi démontré qu'une réserve stratégique doit avoir un but déterminé, et que, hors ce cas, il est d'autant moins nécessaire, d'autant moins utile et d'autant plus dangereux d'en former une, qu'on ne lui peut assigner qu'une destination plus générale, et par conséquent moins précise.

Enfin le point où l'idée d'une réserve stratégique devient absolument illogique est facile à déterminer. Ce point se trouve nécessairement en deçà de la décision principale. On ne saurait, en effet, faire concourir de trop nombreuses forces à ce résultat capital ; il serait donc absurde d'en réserver une partie dans l'intention de ne l'employer qu'ultérieurement.

On voit donc que si, par le judicieux emploi de forces conservées en réserves, on réussit parfois, dans la tactique, non seulement à contrecarrer les dispositions imprévues de l'ennemi, mais encore à se rendre favorable, quand il est indécis on parait compromis, le résultat toujours incertain du combat, c'est là, par contre, un moyen auquel, pour le moins dans la recherche de la décision principale, on ne doit jamais recourir dans la stratégie. Il convient, dès lors, dans la généralité des cas, de chercher uniquement à balancer les désavantages essuyés sur certains points par des avantages obtenus sur certains autres, ou, mais dans les plus rares circonstances, de changer brusquement la direction ou l'emplacement d'une partie de ses forces. On ne saurait, en un mot, se trop garder ici de la pensée de se créer une réserve stratégique dont l'unique destination serait de parer à cette éventualité.

C'est une vérité si incontestable que toute réserve stratégique qui ne serait pas appelée à concourir à l'obtention de la décision principale serait une absurdité et un contresens, que nous n'aurions jamais songé à soumettre cette idée à un pareil examen, si, déguisée sous d'autres formes, elle ne présentait fréquemment des aspects plus raisonnables. Tel auteur la regarde comme le comble de la sagesse stratégique et de la prudence, tel autre au contraire la condamne, et rejette avec elle toute réserve tactique, si bien que cette opposition des idées en arrive à se manifester dans l'application même. C'est ainsi, par exemple, que dans la campagne de 1806 le gouvernement prussien répartit en cantonnements sous les ordres du prince Eugène de Wurtemberg dans les Marches une réserve de 20.000 hommes qui ne put atteindre la Saale en temps utile, tandis que, destinée à ne prendre qu'ultérieurement part à la guerre, une autre masse de 25.000 hommes resta absolument inactive également en réserve, dans les provinces du sud et de l'est du royaume.

On voit par ces exemples qu'on ne saurait sans injustice nous accuser d'avoir combattu ici contre des moulins à vent.

XIV
ÉCONOMIE DES FORCES

Dans la pratique de chacun des arts auxquels se voue l'activité humaine, l'artiste ne saurait, esclave servile de la méthode, s'en tenir à la rigide application des principes. Ce ne sont pas les formules algébriques du cercle ou de l'ellipse qui fournissent au mathématicien le moyen d'en retracer la figure, et les abscisses et les ordonnées ne révèleront jamais au statuaire les vraies lignes de la beauté. Il en est ainsi dans l'art militaire, et s'appuyant en principe sur la méthode introduite qui lui sert de mesure générale, celui qui dirige l'action à la guerre, guidé par la réflexion et l'expérience, trouve fréquemment dans le tact de son jugement et la pénétration de son esprit le moyen de simplifier les règles et, par conséquent, d'en faciliter l'application.

C'est ainsi que le général en chef doit incessamment tendre à l'action commune de toutes ses forces, ou, en d'antres termes, à ce qu'aucune partie des forces dont il dispose ne reste inactive.

C'est, en effet, être un mauvais ménager de ses forces que d'en laisser sur un point plus que les besoins de la situation ne l'exigent, ou d'en avoir une partie occupée dans des marches et des manœuvres, et par conséquent indisponibles ou moment où il faut se mesurer avec celles de l'ennemi. On peut même, dans ce sens, en arriver à une dissipation des forces de beaucoup plus pernicieuse que ne le serait leur emploi le moins justifié. Dès qu'il faut agir, il convient de porter la totalité des forces à l'action ; s'il s'en trouve alors plus qu'il n'est nécessaire, elles neutralisent du moins une partie de celles de l'ennemi, tandis que, restées inactives, elles eussent elles-mêmes été tout à fait neutralisées.

Cette manière de procéder se rattache évidemment aux principes que nous avons donnés dans les trois chapitres précédents. Ce n'est, en somme, que la même vérité envisagée d'un point de vue plus général.

XV
Élément Géométrique

C'est dans l'art de la fortification, où du petit au grand tout est réglé par les lois de la géométrie, que se manifeste tout d'abord l'importance capitale que peut prendre à la guerre l'élément géométrique, c'est-à-dire la forme dans laquelle on place, répartit et dispose les forces. Cet élément joue également un rôle considérable dans le combat ; il constitue la base de toutes les instructions sur les mouvements tactiques, commande en maître et impose ses lignes et ses angles dès qu'il s'agit de fortifications de campagne et de règlements sur la prise ou l'attaque des positions. On en faisait jadis le moins judicieux, voire même le plus puéril usage ; mais, en raison de ce que, dans tous les combats, les adversaires cherchent incessamment aujourd'hui à se tourner l'un l'autre, l'élément géométrique, par des procédés aussi simples que fréquemment appliqués, a acquis une nouvelle efficacité dans la tactique moderne.

Cependant, l'action se développant plus rapidement, et le hasard ainsi que les forces morales et les traits individuels se manifestant plus librement dans la tactique que dans la guerre de siège, on comprend que ce soit surtout dans celle-ci que l'élément géométrique conserve le plus d'empire. Quant à la stratégie, bien qu'on ne puisse évidemment nier le grand rôle qu'y jouent la configuration du sol, la disposition des frontières et la forme suivant laquelle on répartit et dispose les forces, l'élément géométrique s'y montre bien moins décisif que dans la tactique, et de beaucoup moins important que dans les combinaisons de la fortification.

Nous verrons peu à peu, au courant de cet ouvrage, comment et dans quelles circonstances l'élément géométrique manifeste son influence dans l'action stratégique, et ne voulons, pour le moment, que faire ressortir la différence qui existe à ce sujet entre la tactique et la stratégie.

Dans la tactique le temps et l'espace réduisent promptement à leur minimum absolu, Dès qu'une troupe est prise en flanc et à dos, elle est bien près de se voir enlever tout moyen de retraite, ce qui constitue aussitôt une situation voisine de l'impossibilité absolue de continuer le combat. Il convient donc, tout d'abord, de parer à cette éventualité, ou, si elle se présente, de s'en pouvoir dégager. C'est là ce qui, dès les premiers pas dans la tactique, donne tant d'efficacité à la combinaison géométrique des forces, efficacité qui naît en grande partie de la crainte même que cette combinaison géométrique inspira à l'adversaire sur les suites de son attaque.

La stratégie, en raison du temps qu'exige son action et des grands espaces sur lesquels elle opère, ne reçoit qu'un faible reflet de tout cela. La portée des armes ne s'étend pas d'un théâtre de guerre à un autre ; des semaines, des mois sont souvent nécessaires à l'accomplissement d'un enveloppement stratégique, et d'ailleurs, sur de pareilles distances, et si parfaites que soient les dispositions prises, on n'a jamais qu'une bien faible vraisemblance de réaliser le projet tel qu'il a été conçu.

Mais si l'effet produit par les combinaisons géométriques est beaucoup plus faible dans la stratégie, les résultats une fois réalisés y sont, par contre, bien autrement efficaces, par la raison qu'ils ont tout le temps de se développer sans être annihilés ou troublés par les dispositions contraires. C'est là ce qui nous fait proclamer en axiome que dans la stratégie le nombre et l'importance des combats heureux ont bien plus de valeur que la forme même des grandes lignes par lesquelles on les rattache les uns aux autres.

Or c'est précisément la manière de voir opposée qui a présidé aux théories nouvelles. On s'est imaginé donner ainsi une plus grande importance à la stratégie, en faire la fonction supérieure de l'esprit, ennoblir la guerre, et la rendre plus scientifique.

Ce ne sont là absolument que des rêveries dont une bonne théorie doit dévoiler l'inanité, et, comme elles procèdent généralement de l'idée de l'élément géométrique, nous avons cru ne pouvoir mieux faire que de mettre celui-ci en pleine lumière.

XVI
Du temps d'arrêt dans l'action à la guerre

Si l'on considère la guerre comme un acte de destruction réciproque, il faut nécessairement se représenter l'action y progressant incessamment d'une façon générale. Les circonstances, en effet, ne pouvant jamais être ou demeurer absolument égales de part et d'autre, et le temps ne pouvant que modifier les situations respectives, si l'on suppose de chaque côté une connaissance parfaite des choses, il en résulte un motif constant d'action inverse chez les deux adversaires, l'intérêt de celui que le moment présent favorise étant d'aller de l'avant, tandis que l'intérêt de l'autre est d'attendre. Cette exclusion d'un mode d'action semblable de part et d'autre, provient précisément ici de ce que chacun des adversaires en agissant comme il le fait, obéit à la même raison déterminante, à savoir que vraisemblablement l'avenir améliorera sa situation et aggravera celle de l'ennemi.

En admettant même qu'il se présentât de part et d'autre une égalité complète dans les situations, ce que la connaissance imparfaite des rapports dans lesquels ils se trouvent peut, d'ailleurs, laisser supposer aux deux adversaires, la différence des buts qu'ils poursuivent s'opposerait encore à ce qu'il se produisit un temps d'arrêt dans l'action.

Aucune guerre, en effet, ne pouvant résulter d'une intention défensive réciproque, depuis l'instant où, sollicité par l'intérêt du but *positif* qu'il poursuit, l'un des belligérants a pris le rôle d'agresseur, il doit incessamment persévérer dans ce rôle dont l'action positive peut seule le conduire au résultat cherché.

On voit ainsi que considérée dans son sens absolu, la guerre ne comporte pas de temps d'arrêt, par la raison que, telles que l'eau et le feu dans une incendie, les deux armées opposées constituent des éléments qui ne peuvent jamais rester en équilibre et doivent sans relâche chercher à s'entre-détruire.

L'acte de destruction devrait donc se poursuivre sans interruption, comme se déroule un mouvement d'horlogerie.

Mais si sauvage que soit la nature de la guerre, elle se rattache à la chaîne des faiblesses humaines, et, par suite, la contradiction qui se montre ici qu'à la guerre l'homme cherche et crée le danger et le redoute en même temps n'étonnera personne.

Alors que l'on étudie l'histoire des guerres, la grande généralité des cas semble tout d'abord prouver que l'action est l'exception, et l'inaction l'état foncier des armées en campagne ; mais lorsqu'on arrive à la guerre de la Révolution et particulièrement aux campagnes de Bonaparte, on reconnaît aussitôt que la direction de la guerre y a atteint le degré absolu d'énergie que nous considérons comme la loi naturelle de son élément.

Ce degré peut donc être atteint et, s'il peut l'être, il est nécessaire qu'il le soit. Comment, en effet, sans une extrême énergie dans la poursuite du but, justifierait-on aux yeux de la raison, la dépense de force que l'on consacre aujourd'hui à la guerre ? Le boulanger ne chauffe le four que pour y enfourner le pain ; on n'attelle les chevaux que pour faire usage de la voiture. Pourquoi apporterait-on de si monstrueux efforts à la guerre, si l'on ne devait arriver par là qu'à en provoquer d'aussi grands de la part de l'adversaire ?

Semblable à un mouvement d'horlogerie, l'action doit, en dehors des cas particuliers qui sortent de la nature des choses, se dérouler d'une façon générale et sans interruption jusqu'à épuisement complet. Mais, de même que dans une horloge des contrepoids s'opposent au déroulement trop rapide du mouvement, trois causes peuvent ici modifier le principe et modérer la marche de l'action.

La première est la paralysie morale qui naît de la timidité et de l'indécision dans lesquelles la crainte de la responsabilité jette habituellement l'esprit humain, dans les situations graves et les grands dangers. Les natures ordinaires ne se mouvant que difficilement dans l'ardent milieu de la guerre, plus la campagne se prolonge et plus s'accentue la tendance aux temps d'arrêt. Il est rare que l'incitation du but à atteindra suffise à vaincre cette cause d'inertie, si bien qu'à moins qu'une grande autorité ne pousse à l'action ou que le commandement ne soit aux mains d'un général entreprenant et résolu qui se sente à la guerre dans son véritable élément, rester immobile devient la règle et agir est l'exception.

La seconde cause de retard provient de l'imperfection du jugement et de l'insuffisance de la pénétration de l'esprit humain, imperfection et insuffisance incomparablement plus grandes à la guerre que dans toutes les antres branches de l'activité humaine. En campagne, en effet, alors qu'à tout instant on ne se rend qu'à peine compte de sa propre situation, celle de l'ennemi, incessamment voilée, ne se laisse deviner qu'à de faibles indices. C'est ainsi que, des deux adversaires chacun pouvant se figurer avoir intérêt au même objet, bien que dans le fait cet objet n'ait de valeur réelle que pour l'un d'eux, il peut arriver qu'au même moment l'un et l'autre croient agir sagement en attendant.

La troisième cause d'arrêt provient, enfin, de ce que des deux modes de l'action à la guerre, c'est le mode défensif qui possède intrinsèquement le plus de puissance. A peut se sentir trop faible pour attaquer B, d'où il ne suit pas cependant que B soit assez fort pour attaquer A. En prenant l'offensive, en effet, le premier ne perdrait pas seulement l'appoint de force que lui donne la défensive, mais il le laisserait passer à son adversaire. C'est la différence algébrique $\{a + b) - (a - b) = 2 b$. On voit ainsi qu'il peut arriver que, au même moment, chacun des adversaires se trouve et soit réellement trop faible pour attaquer l'autre.

Il ressort de ces considérations que, sous le prétexte d'appliquer les règles de l'art militaire, une prudence inquiète et la crainte de s'exposer à de trop grands dangers trouvent facilement à se faire jour et à enrayer l'impétuosité élémentaire de la guerre.

Les causes que nous venons d'énumérer ne sauraient cependant expliquer les longues interruptions que l'on rencontre dans les entreprises militaires d'avant l'époque de la Révolution, alors qu'aucun grand intérêt ne constituait le mobile des guerres et qu'on y restait les neuf dixièmes du temps dans l'inaction. Il faut, en grande partie, attribuer ce phénomène à des causes étrangères à la notion même de la guerre, telles, entre autres, que l'influence exercée par la supériorité politique de l'un des adversaires, et par la situation et l'opinion morale de l'autre. Ce sont là des considérations que nous développerons lorsque nous nous occuperons de l'essence et du but de la guerre, mais qui peuvent parfois si puissamment influencer la direction d'une guerre, que celle-ci se réduise aux proportions d'une demi-mesure. C'est ainsi, par exemple, que souvent une guerre en arrive à n'être qu'une neutralité armée, une simple démonstration dans l'intention d'appuyer des négociations, une prise de gages légers dans le but de préparer l'avenir, ou, enfin, une obligation d'alliance aussi désagréable à remplir que mesquinement accomplie.

Dans toutes ces circonstances les intérêts en jeu sont si faibles, le principe d'hostilité si peu développé, on cherche si peu à nuire, on a si peu à craindre, on n'éprouve, en un mot, qu'une si faible incitation à l'action, que la direction de la guerre perd de part et d'antre tout instinct d'impétuosité.

Plus la guerre en arrive à ces proportions, moins les règles de la théorie y deviennent applicables et plus le hasard y prend d'autorité.

On ne saurait nier cependant que dans ces conditions il ne soit possible d'imprimer à la guerre une direction prudente et sage, voire même peut-être plus étendue et plus variée qu'alors que l'action comporte plus d'énergie ; toujours est-il qu'il ne semble plus ici s'agir de ces grands jeux de hasard auxquels on n'apporte que des rouleaux d'or comme enjeux, mais bien de ces petites opérations de coulisses et de halles dont la monnaie de billon fait tous les frais. Dès que la guerre prend cette direction, en effet, on a recours aux enjolivures, aux bagatelles de la porte, aux parades et aux fantasias pour occuper la galerie et lui faire passer le temps. Ce ne sont que combats d'avant-postes, mi-plaisants et mi-sérieux, longues dispositions qui ne mènent à rien, prises de positions et marches qu'on a soin, après coup, de présenter comme savantes, parce que la cause mesquine qui les a fait entreprendre s'est évanouie pendant la route, et que le bon sens n'y peut rien comprendre. Tels sont aussi les feintes, les parades, les moitiés et quarts de chocs des anciennes guerres, où certains théoriciens veulent voir le suprême de l'art, le but de toute théorie, la prédominance de l'esprit sur la matière, alors que, par contre, ils traitent les dernières guerres de manifestations brutales où l'on n'a rien à apprendre, et qui ramènent le monde à la barbarie.

Cette façon de voir est aussi mesquine que l'objet de son admiration.

Disons tout d'abord, en effet, qu'on ne peut persévérer dans cette manière réduite de conduire la guerre, qu'à la condition expresse que l'adversaire y consente, car, dès qu'il veut enchérir, il faut aussitôt le suivre dans cette voie nouvelle. Cela dit, il est certain que là où il ne se rencontre ni passion ni énergie, une prudence habile trouve son jeu ; mais n'est-ce pas une plus noble fonction de l'intelligence, une plus haute activité de l'esprit, de diriger de grandes forces et de gouverner dans la tempête contre les flots et les vents déchaînés ? Qui peut plus ne peut-il pas moins, d'ailleurs, et qui sait diriger une grande guerre ne saura-t-il pas, implicitement, en diriger une où l'énergie sera moins nécessaire ? Les Autrichiens, confiants dans leurs vieilles méthodes de guerre, n'ont-ils pas été surpris, et leur monarchie n'a-t-elle pas été ébranlée jusque dans ses fondements par l'attaque impétueuse de Frédéric le Grand ? Et nous-mêmes, Prussiens, n'en avons-nous pas fait la triste expérience, et la Révolution française ne nous a-t-elle pas attaqués en pleine sécurité imaginaire, et entraînés dans son mouvement de Châlons à Moscou ? Malheur au gouvernement qu'une politique de demi-mesures et une organisation militaire incomplète exposent aux convoitises d'un adversaire qui ne connaît d'autre loi que sa force matérielle, et ne s'arrête que là où son élan le peut porter ! En pareil cas tout ce que le manque d'énergie et d'efforts a laissé d'incomplet dans l'organisation du pays attaqué équivaut à une augmentation de force pour l'attaquant, dont le premier choc suffit ainsi parfois à tout renverser.

De toutes les raisons que nous avons exposées dans ce chapitre il ressort :

1° Que l'action ne se poursuit pas à la guerre d'une façon continue, mais qu'elle procède par à-coups ;

2° Qu'entre deux des actes sanglants dont la chaîne se poursuit jusqu'à la fin d'une guerre, il se produit toujours un temps d'observation pendant lequel les adversaires se trouvent l'un et l'autre sur la défensive ;

3° Enfin qu'habituellement l'un des adversaires étant plus énergiquement sollicité que l'autre par l'importance du but qu'il cherche à atteindre, le principe attaquant domine chez celui-ci, et modifie, par suite, quelque peu ses procédés d'action.

XVII
Du caractère des guerres modernes

Dans la stratégie plus encore que dans la tactique, on ne saurait aujourd'hui prendre une décision ou former un projet, sans tenir compte du caractère que la guerre a revêtu dans les derniers temps.

Sous l'énergique direction de Bonaparte, les Français, foulant aux pieds les anciens procédés de guerre, se sont portés à la conquête de l'Europe avec un bonheur inouï et une impétuosité jusque-là sans exemple. Renversant tout sur leur passage, ils ont, et parfois même du premier choc, ébranlé les plus puissants États dans leurs bases.

La résistance ininterrompue que les Espagnols ont opposée à l'invasion a révélé ce que les armements nationaux et les procédés insurrectionnels peuvent réaliser dans leur application générale, alors qu'ils produisent si peu d'effet quand on y a isolément recours.

La campagne de 1812, en Russie, a mis en évidence ce que raisonnablement on eût dû tout d'abord prévoir : que la conquête d'un empire de vastes dimensions est irréalisable, que la vraisemblance du succès ne décroît pas d'ailleurs toujours pour la défense, en raison des batailles qu'elle perd et des villes et provinces qui lui sont enlevées, et qu'enfin c'est souvent au cœur même du pays envahi que le défenseur devient le plus fort et peut à son tour prendre la plus vigoureuse offensive, alors que son adversaire, à bout de forces et d'élan, a atteint le point extrême de pénétration qu'il ne peut plus désormais dépasser.

Par l'emploi qu'elle en a fait en 1813, la Prusse a montré qu'au moyen des milices on peut sextupler la force de l'armée, et que ces troupes auxiliaires ne se prêtent pas moins à l'offensive qu'à la défensive.

Chacun sait en un mot, aujourd'hui, que la participation à la guerre de toutes les forces vives d'une nation en augmente prodigieusement la puissance. On ne saurait donc douter que quel que soit d'ailleurs le mobile, soif de conquête ou nécessité de se défendre, qui les porte à la guerre, tous les gouvernements sans exception y auront recours à l'avenir.

Or on conçoit que des guerres dans lesquelles la totalité des forces nationales réciproques entrera ainsi en jeu ne pourront être conduites que par de tous autres principes que les anciennes guerres, ou tout n'était calculé qu'en raison des rapports existants entre les armées permanentes, comme cela se pratique encore aujourd'hui pour les flottes dans les luttes maritimes.

XVIII
Tension et repos (loi dynamique de la guerre)

Nous avons reconnu au chapitre XVI de ce livre, que dans la plupart des guerres d'autrefois le temps d'arrêt l'emportait de beaucoup sur celui de l'action. Bien que, depuis l'époque de la Révolution française, la guerre ait accusé et doive, sans doute, conserver à l'avenir un caractère essentiellement différent, on ne saurait douter néanmoins que l'action y restera toujours soumise à des intermittences plus ou moins longues. De là la nécessité de procéder, tout d'abord, à un examen approfondi de chacun des deux états de l'action à la guerre.

Dès qu'un temps d'arrêt intervient au courant d'une campagne, c'est que, pour l'instant, aucun des deux adversaires n'estime avoir intérêt à l'action positive. Il s'établit aussitôt un état de repos, pendant lequel, de part et d'autre, non seulement les forces physiques et les forces morales, mais encore les situations, les rapports et les intérêts, tout, en un mot, reste en équilibre.

Dès que, par contre, l'un des adversaires reprend ou manifeste par ses préparatifs l'intention de reprendre l'action vers un but positif, et que l'autre agit de façon à s'opposer à la réalisation de ce projet, l'état de repos cesse et fait place à une tension qui se prolonge jusqu'à ce que décision s'ensuive, c'est-à-dire jusqu'à ce que, en raison des combinaisons de combats qui en résultent, l'un des adversaires ait atteint son but ou que l'autre ait renoncé à l'en empêcher.

À cette décision succède soit une tension nouvelle avec décision consécutive, soit un nouveau temps d'arrêt et de repos ; mais, le plus habituellement, les deux états se présentent dans une alternative régulière.

Cette distinction spéculative a plus de valeur, dans l'espèce, qu'on ne le pourrait d'abord supposer, car, selon que l'action se produit dans l'état de repos ou dans l'état de tension, ses effets sont essentiellement différents.

Dans l'état de repos et d'équilibre, des engagements, des combats sérieux, de grandes batailles même peuvent surgir ; mais, quel que soit le degré d'intensité auquel on les porte, ces actions nées de causes accidentelles et ne se rattachant pas à l'idée d'un grand changement n'ont qu'un caractère circonstanciel et ne peuvent, par suite, amener que des effets restreints et spéciaux.

Dans l'état de tension, au contraire, le but étant déterminé, la volonté précise et la nécessité d'agir impérieuse, la décision a une tout autre portée et produit des résultats bien autrement effectifs.

Dans le premier cas c'est une masse de poudre qui s'enflamme en plein air sans causer de grands dégâts ; dans le second c'est une mine puissamment chargée qui éclate avec fracas et porte au loin ses ravages.

Il va de soi d'ailleurs que, parfois très voisin de l'état de repos, l'état de tension peut passer par toutes les nuances et présenter bien des degrés différents d'intensité.

Il faut conclure de ces considérations qu'en raison de leur portée et des conséquences qu'elles entraînent les dispositions à prendre présentent dans l'état de tension une tout autre importance et une tout autre gravité que, dans l'état de repos, et que cette importance et cette gravité croissent à mesure que l'état de tension devient plus considérable.

La canonnade de Valmy a eu des conséquences bien autrement décisives que la bataille de Hochkirch.

Lorsqu'on veut s'établir sur une province dont le défenseur ne s'éloigne qu'avec l'idée d'y revenir et dans l'intention de concentrer momentanément ses forces pour une action importante, il faut nécessairement prendre de bien plus sérieuses dispositions qu'alors que la retraite de l'ennemi provient de ce qu'il est hors d'état de se maintenir sur cette portion de territoire. En opposition à une attaque stratégique eu cours d'exécution, une fausse manœuvre, une position mal prise peuvent avoir des suites désastreuses, tandis que, bien moins apparentes dans l'état d'équilibre, les mêmes fautes ne suffiraient généralement pas à décider l'ennemi à sortir de son inaction.

Dans les guerres d'autrefois l'état de repos était si habituel ou du moins l'état de tension si peu prononcé, que les différents actes de l'action n'avaient que rarement une portée considérable.

Souvent même les combats n'étaient que des intermèdes provoqués par l'un ou l'autre des généraux en chef, dans le but de relever le prestige du commandement, de sauver l'honneur des armes, ou de fêter l'anniversaire de la naissance ou de l'avènement du souverain (Freiberg, Kunersdorf, Hochkirch).

Nous regardons comme absolument nécessaire que le commandant en chef soit pénétré de l'extrême importance de la distinction à faire entre les deux états de l'action à la guerre. C'est là d'ailleurs une expérience que la Prusse a faite à ses dépens en 1806. Alors, en effet, que dirigée par Bonaparte il était certain que l'action allait atteindre le plus haut degré d'intensité, alors qu'une décision capitale était par conséquent inévitable et réclamait, par suite, tous les efforts de la défense, on ne sut prendre que des dispositions, telles entre antres que la reconnaissance en Franconie, dont la faiblesse eut à peine été justifiée par l'état de tension le moins accentué.

Au courant de cette étude le lecteur ne devra jamais perdre de vue cette distinction spéculative entre les deux états de l'action à la guerre.

L'état de tension et de mouvement constituant seul, en effet, le véritable état de guerre, c'est à cet état que se rapporteront toutes les règles théoriques et pratiques que nous déduirons des rapports existant entre l'offensive et la défensive.